가나안 성도에게 보내는 편지

가나안 성도에게 보내는 편지

믿음의 홀로서기가 두려운 이들을 위하여

유원상 지음

ΙΧΘΥΣ

종교개혁의 정신,
미래로부터 온 편지를 읽다

양희송 (청어람 ARMC 대표)

유원상 선생(1920-2008)의 글을 받아서 놀랍게 읽었다. 해방 후 기독교 신앙을 갖게 되었고, 학교에서 근무하시다가 신학공부를 하고 목회를 하다가 다시 어떤 제도에도 얽매이지 않는 '믿음의 자유'를 추구하며 독립 순회 전도자로 살아오셨다는 이력은 간명하면서도 인상적이었다. 그가 독립전도자로 30년간 활동하며 쓴 1,500여 매의 전도엽서가 이 책의 기반을 이룬다. 매주 한 편씩, 매회 200장을 등사해서 주변에 나누었다고 한다. 믿음의 기초와 신앙생활의 원리를 다루는 그의 엽서는 평범하고 담백하다. 일상성을 벗어난 호들갑이 없다. 그러나 손바닥만한 분량에 독특한 필치로 써내려간 글은 주저함도 없고, 겉치장도 없이 핵심으로 내달리는 단호함으로 꽉 차 있다. 그리스도인의 결기를 여기서 본다.

〈가나안 성도에게 보내는 편지〉는 유원상 선생의 전도엽서 중 가려 뽑은 것이다. 물론 이 제목은 이미 고인이 되신 저자의 것이 아니다. 그러나 그의 글은 절묘하게 이 제목에 부합한다. '가나안 성도' 즉 '안나가'를 뒤집어서 만든 조어로 '교회를 떠나 신앙생활하는 그리스도인'을 지칭하는 일은 그 이전부터 간간이 있었지만, 이것이 본격적으로 공적인 장에서 논의된 것은 2014년에 나온 〈가나안 성도, 교회 밖 신앙〉이란 책을 통해서였다. 나는 그 책을 쓰고나서 지금 우리가 '가나안 성도'라고 부르는 이들과 비슷한 질문을 갖고 씨름했던 역사적 존재들을 알아가기 시작했다. 종교개혁의 정신이었던 오직 성경(sola scriptura), 오직 믿음(sola fide)의 원리를 계승하는 여러 흐름들을 추적해 가고 있다. 그 가운데 동아시아 상황에서는 일본의 우치무라 간조(1861-1930)와 한국의 김교신(1901-1945)을 대표적으로 꼽을 수 있다. 유원상 선생은 선구적 '가나안 성도'로 우리가 재발견해야 할 인물이다. 엽서 한 쪽에 불과한 짧은 글에 담긴 그의 성경인용과 해석은 탄탄하고 통찰력이 돋보인다. 그의 교회론에 대한 글들은 통렬하고, 명쾌하다. 한 세대 전의 글이지만, 마치 미래로부터 온 편지로 읽힌다. 가나안 성도들에게 일독을 권한다.

목차

2부
교회에 관하여

1부

복음에 관하여

절대적 진리

하나님은 절대자이신데 우리 인생은 상대적 존재입니다. 그러므로 하나님께로 돌아가려면 오직 예수 그리스도를 통해서만 가능합니다. 그리스도는 어제도 오늘도 영원토록 변치 않으시는 절대 세계의 길이요, 진리요, 생명이시기 때문입니다. 그리스도는 인간으로 오신 하나님이시며, 영생이시며, 말씀이시고, 참 빛이시며, 충만이십니다.(요 1:1, 요일 5:20, 골 1:19) 그리스도 안에 있는 참 믿음이란 이 상대적인 세계에서 절대적인 세계로, 즉 사망에서 생명으로, 어두움에서 빛으로 옮겨진 것을 뜻합니다.(요 5:24, 골 1:13) 인간이 하나님의 형상대로 지음 받았다는 말도 바로 이와 같은 절대 세계의 삶을 말합니다. 이처럼 비교할 수 없는 세계, 비교가 안 되는 세계에서의 삶이란 상대 세계에서 사는 인간으로는 납득할 수 없는 별천지別天地입니다. 그런 까닭에 이것을 해결하는 것이 필요합니다. 그것은 바로 믿음입니다.(히 11:6, 고전 1:18)

인간 세계는 모두가 상대적인 비교의 세계입니다. 위와 아래, 좌와 우, 대와 소, 과거와 현재, 미와 추, 선과 악, 행복과 불행, 지혜와 우둔, 생과 사, 자기와 타인 등등. 우리는 항상 사물을 생각할 때에 그것 하나만을 생각하지 못 하고 꼭 비교하는 버릇이 있습니다. 그렇기 때문에 가령 감사를 할 때도 타인과 비교를 해서 감사를 하거나 또는 과거와 비교해서 감사를 생각하지, 현재 그 자체에 대한 순수한 감사를 하지 못 하는 것이 보통입니다.

여기에 우리 신앙의 문제점이 있습니다.(요 21:22) 왜냐하면 하나님의 나라는 무엇과도 비교할 수 없는 절대 세계요 영원한 생명의 세계이기 때문입니다. 인간이 자기중심이라는 상대적 가치 판단의 비교에서 벗어나지 못하면 하나님의 참 사랑을 알 수 없습니다.(요 3:10) 절대자이신 하나님은 우리 한 사람 한 사람을 당신처럼 절대적 존재로 대우하시고 취급하십니다. 그래서 탕자가 돌아왔을 때도 그의 과거에 대해 일체 언급하지 않으셨 습니다. 이는 돌아온 아들의 그 현재가 무엇과도 비교할 수 없는 절대 가치의 현재이기 때문이었습니다. 천국 시민이란(눅 12:32) 항상 땅에 붙은 상대적 비교의 사슬에서 벗어나서(시 116:16) 절 대적 현재에 사는 자입니다. 그러므로 그의 감사는 범사의 감 사로, 또는 영원한 감사로 절대성을 가지게 됩니다. 그 점이 그 가 바로 하늘 나라를 소유했다는 증거인 것입니다.(빌 3:20)

하나님의 백성과 안식

영생을 바라는 이와 영생을 소유한 이가 다르듯(요3:16, 6:47) 안식을 바라는 이와 안식에 들어간 이는 다릅니다. 그러므로 하나님의 백성에는 두 종류가 있으니, 안식의 차이에 따라 구분됩니다.(히 4:9-10) 이스라엘 백성의 경우 애굽에서 나온 대다수가 홍해 건너기는 성공하고 요단강에는 실패했습니다. 그 중 두 사람만이 성공하였으니 그것과 관련된 영적 사실이 안식입니다.(히 3:16-17)

이처럼 하나님의 백성이 된 후에도 그의 안식에 들어가기가 쉽지 않기 때문에 말씀은 안식에 들어가기를 힘쓰라고 권고하고 있습니다.(히4:1, 11) 이는 복음에 어떤 조건을 제시하는 것이 아닙니다. 신앙의 성장을 말하는 것입니다. 신앙이 성장하지 못하는 사람이 옛날이나 지금이나 많기 때문에 그렇습니다.(히 5:12-13) 이들은 젖만 먹고 의의 말씀은 경험 못해서, 여호와의 말씀을 자기에게 욕으로 여기고 즐겨 아니하면서 항상 초보신앙에서 머뭇거리는 무리입니다.(히 6:1, 렘 6:10)

그들은 새 언약과 진동치 못할 나라에는 관심 없이 세상 영문 안에서 육의 복을 추구하는 이들입니다.(히 13:13, 롬 8:6-8) 그들은 가지기 보다 나누어 주는 복이 참 복임을 모르며, 버리는 권세가 참 권세임을 모르는 어린아이들입니다. 그렇기에 늘 '다오, 다오' 하는 탐욕의 그물 속에서(잠 30:15) 그리스도의 은혜의 보좌와 생수의 진리는 그림의 떡처럼 바라만 보는 이들입니다.

그리스도의 복음의 능력은 강한 은혜이기 때문에 끝까지 견디는 참 구원입니다.(마24:13) 따라서 이 구원 즉 안식은 풍랑으로 상징되는 어떤 환란에도 견디는 인내의 능력입니다.(막4:38) 이 인내는 환난을 통해 주어지니 그런고로 그리스도인의 신앙성장이란 바로 인내의 성장을 뜻합니다. 즉 얽매이기 쉬운 낙심의 죄와 무거운 짐인 교만을 벗어버리고 오직 묵묵히 쓴잔인 십자가를 지는 일입니다. 그에게 평강의 주님이 함께 계시기에, 그 인내 자체가 바로 새로 된 증거가 되기 때문입니다.(고후 5:17) 사랑은 오래 참는 것이요 성령의 열매도 그것입니다. 악인은 평강이 없습니다. 하나님이 없기 때문입니다.(사 57:21, 롬 15:33)

감사의 잔

　주님이시여, 나의 잔이 넘치나이다. 오직 한 가지 감사의 잔이 넘치나이다. 저는 지금까지 어리석게도 도저히 넘칠 수 없는 기이한 일에만 힘써 왔습니다. 사업事業의 잔을 넘치게 하려고 열심히 해 보기도 하고, 또 그 열심이 계속되지 않을 때에는 낙심뿐이었나이다. 인생의 잔이 넘칠 줄 알고 사정도 하고 기대도 하며 원망도 했으나, 알게 된 것은 넘칠 까닭이 없다는 서글픈 현실이었습니다. 거룩의 잔 역시 넘치지 못해서 고민과 실망 끝에 오는 공허감에 사로잡히기 일쑤였습니다. 전도의 잔이나 기도의 잔 모두가 실패요, 사랑의 잔은 더구나 엄두도 못 내었습니다. 이처럼 모든 것이 실패로 돌아간 결과 저는 제 자신의 본성이 오직 죄뿐임을 절실하게 느껴 할 수 없이 빈손을 들고 당신의 십자가 아래 굴복하고 용서와 처분을 기다렸습니다. 그런데 이게 웬일입니까. 바로 거기서 감사의 잔이 넘치게 되었고, 오직 그 잔 하나만이 진정한 잔임을 비로소 알게 되었습니다.

저도 한 때는 명예의 잔과 인격의 잔, 그리고 지식의 잔을 넘치게 하려고 애쓰기도 했으나 결국 그곳에 남은 것은 쓴 잔뿐이었습니다. 이처럼 완전한 실패자인 제 앞에 마지막으로 남은 것이 이 감사의 잔이었습니다. 이전에는 이 따위는 하찮은 것으로 알고 더 큰 것, 더 높은 것, 남보다 뛰어난 것을 찾아 헤맸습니다. 그런 이 소경의 욕심의 눈, 세상의 눈, 불신앙의 눈 속에 십자가의 피가 떨어져 비늘이 없어지게 되었습니다. 이제 나의 영원한 생명의 잔은 오직 이것뿐임을 알게 되었습니다.(행 9:18) 내가 죽지 않고 살아서 이 존귀한 선물, 생수의 잔을 맛보게 해 주신 큰 은혜를 무엇으로 보답할 수 있겠습니까? 더욱이 이 감사의 잔에만 사탄이 덤비지 못한다는 산 체험을 하고 보니(요일 5:18) 정말로 감사뿐입니다. 이 감사의 잔으로 감히 제사를 올리게 된, 이 과분한 영광에 대하여 저는 온 천지가 울리는 듯한 기쁨으로 찬송을 드리나이다.(시 50:23, 히 13:15)

엘엘엘

호흡이 있는 자마다 여호와를 찬양할지어다. 할렐루야.(시 150:6) 찬양은 인간 창조의 목적입니다. 그렇기에 진정 그가 하나님의 자녀가 된 믿음의 소유자라면 어떠한 경우에라도 하나님을 찬양하게 됩니다. 이것이 그의 삶의 목적이요 존재 가치이기 때문입니다.(사 43:21) 그런데 이것은 예수를 떠나서는 불가능합니다. 그러므로 예수로 말미암아 항상 찬미의 제사를 드림이 그의 입술의 열매가 되는 것입니다.(히 13:15) 믿음이라고 해서 다 같은 것 아니며 성령이라 해서 다 같은 것은 아닙니다. 각자 믿음의 분량에 따라 다르며 성령 역시 구한 자와 찾은 자와 열린 자로 각각 다릅니다.(눅 11:9) 그래서 찬송이 신자의 필수덕목이지만 할렐루야는 그의 신앙에 따라 차이가 있습니다.

최고의 찬양자는 모든 것이 실패해서 아무것도 없는 처지에서, 다만 호흡만 남아있는 그 시점에도 할렐루야의 찬양이 가능한 사람입니다. "엘"은 하나님에 관한 호칭입니다. 이스마엘(창 16:11) 이스라엘(창 32:8) 임마누엘(마1:23). 이는 모두가 하나님과의 관계를 표시한 축복된 명칭입니다. 그러나 이스마엘과 이스라엘은 그 내용이 매우 다르며, 임마누엘에 이르러서는 비교가 안 되는 차이로 나타납니다. 시간으로 비교한다면 가령 이스마엘의 기쁨을 하루로 볼 때, 이스라엘의 기쁨은 그 하루가 천 날이 됩니다.(시 84:5) 그것이 신약 복음의 임마누엘에서는 하루가 천년의 기쁨으로 변하게 됩니다.(벧후 3:8)

말씀에서 시인은 기쁨을 세 종류로 말했으니(시 4:7) 곡식의 기쁨과 포도주의 기쁨과 기름의 기쁨이 그것입니다. 신앙의 시련은 "엘"의 발전으로 나타난다고 나는 믿습니다. 이스마엘에서 이스라엘로 그리고 다시 임마누엘로 되는 은혜입니다. 십자가를 지고 주님을 따르는것은 무익한 고통이 아닙니다. 그것은 "엘"의 전진이니 그러한 산 기록이 바로 욥기입니다. 귀로 듣기만 한 하나님을 직접 뵙게 되는 "엘"의 전진 시련이었습니다. 고난의 유익함을 믿는 은혜의 성령을 모신 자가 바로 그리스도인입니다.(히 10:29)

엘   엘   엘   (희—三八) 98. 1. 9   —류민홍—

호흡이있는자마다여호와를찬양할지어다 할렐루야(150장) 찬양은우리피조물의목적인고로 진정그가
하나님의자녀된 믿음의 소유자라면 그는어떠한경우에라도 하나님을 찬양함이 그의 생존목적
이요 존재가치가된다 (삼편三편) 그런데 어찌 우예수를 떠나신는것인간? 하기에 그리므로예수
로 말미암아 항상찬미의제사를 드림으로 그입술의 열매가되는것이다 (히13:15) 믿음으로 고쳐서 갈
으것아니라 성령 으로해서 같은것이 아니니 각자 믿음의 분량을따라 달리 성령으로 구원자와 와
찾은자와 역제서로 달을것이다 (각13) 그래서 찬양의 신자의 분수대목이지만 국극한 결루까지
눈에 신앙실천에 따랐자가 가는것이다 그 찬양의 최고 고가는 모든것 실패해서 아무것도없는
처지에서 다만후후만 남는 그시점에 드나오는 할렐루야 가 최고 가진것이다 엘, 우하나님
에 관한 호가다 이스마엘(창16) 이스라엘(창32) 임마누엘(마1) 그것은 모두가 하나님과의
관계를 표시한 축복의 명칭이지만 그러나 이스마엘과 이스라엘은 그대용의 연장으로 극기 다시
임마누엘에 이르러서는 비파되는차이로 나타난다 그대용으로 시간적표현으로 비교해 본다면 가령
이스마엘의 기쁨을 하루로 한다면 이스라엘의 기쁨은 극하루가천날이 된다(벤후3:8) 그것 다시 시험 이 속 복음
위만 할진대서는 한극가천날의 기쁨으로 되는것이다(벤후3:8) 신앙의 신앙은 기쁨을 세종유로만
밝는다 (상第) 국식의 김봄과 포도주의 기쁨과 감감의 기쁨으로나타난 성서에서 신앙인은 엘 의 발전으로 나타난
다고 나온다 이스라엘에서 이스라엘로 그와왕은 산 김복 이바로 복기이다 실치가 들지고 주님을 따르는 그
무식한 고통이 아니라 엘, 의진짜시리(眞理) 유의 (嗎乎) 구성의유향을 민게 하는 우혜의 성령을 들 유 진향이삶을 직접 받
게된다 "엘의전지시리(嗎) 유지 (嗎乎) 기쁘가 기쁜자로다 (마13:29)

외적 능력과 내적 능력

　누구든지 그리스도 안에 있으면 새로운 피조물입니다. 이 생명에는 새 힘이 담겨져 있기에 이를 가리켜 성경은 독수리라 했습니다.(고후 5:17, 롬 6:4, 사 40:31) 바야흐로 시대는 말세가 되어 소년이라도 피곤하며 곤비하고 장정이라도 넘어지고 자빠지는 때입니다. 그러나 오직 여호와를 앙망하는 자는 새 힘이 주어진 까닭에 걸어가도 피곤치 않고 달음박질하여도 곤비치 않아 세상을 이깁니다.(사 40:28, 요일 5:4) 새 것이 올 때에 옛 것은 기억되거나 생각나지도 않는 법입니다. 새 하늘과 새 땅, 새 예루살렘의 진리는 반드시 옛 것을 미련 없이 완전히 포기할 때 주어지는 것입니다.(계 21:7)

　우리는 힘이라 하면 보통 물질과 사람의 힘을 생각합니다. 즉 재력이나 조직력, 한 걸음 더 나아가서 기사奇事, 이적 등 보이는 힘을 생각합니다. 그러나 이것으로는 해결되지 않는다는 것을 아는 사람은 알 것입니다. 왜냐하면 보이는 것은 잠간이요 보이지 않는 것만이 영원하기 때문입니다(고후 4:18)

우리가 진정 갈망하는 것은 영원한 힘인데도, 지금 우리 기독교의 자랑이 헌금, 교인의 수, 병 고침, 방언에 그치니 이것은 결코 독수리의 새 힘은 아닌 것입니다.

독수리의 힘은 그리스도의 힘 즉 하나님의 의의 힘입니다. 여기서부터 비로소 천국의 힘이 흐르게 마련입니다.(고후 5:21, 롬 1:17) 천국은 먹고 마시는 것이 아니라 의와 평강과 희락의 나라입니다. 그러므로 천국 백성에게는 평강의 힘(시 29:11)과 희락의 힘(느 8:10)이 반드시 부여됩니다. 이것은 모두 보이지 않는 마음의 힘입니다. 이와 같은 내적 능력은 누구든지 얻을 수 있는 오직 하나의 밑천입니다. 성령께서는 이 능력을 모두가 차지하도록 지금도 말할 수 없는 탄식으로 역사하고 계십니다.(행 1:8, 롬 8:26, 시 119:165, 요 16:22) 외적 능력과 내적 능력, 그림자와 본체, 우리는 이 둘 중의 하나를 택해야 합니다. 외적 능력에 지친 자는 내적 능력을 힘입어야 합니다. 그리하여 전 세계를 자기 교구敎區로 삼는 진리의 증인, 독수리로서 복음의 광채를 천하에 비추어야 합니다. 아직도 외적 능력에 연연한 자는 그 말로를 생각해야 합니다, 하나님은 소멸하시는 불입니다.(마 7:22, 히 12:29, 계 19:20)

해결

  사람은 누구나 문제를 안고 세상을 살아갑니다. 말씀은 그 모든 문제의 해결자는 바로 그리스도라 증거합니다.(마 11:28) 그 문제 중 가장 큰 문제가 사망이니 천하에 그리스도 밖에는 이를 해결할 이가 없습니다.(고전 15:55) 그는 자신의 십자가 피로써 사망의 씨가 되는 죄를 대속하셨고 정죄의 근거가 되는 율법을 폐기하셨습니다.(히9:22, 엡 2:15) 여기서부터 부활의 새 생명이 시작되었기에 부활 역시 그리스도 이외에는 없습니다.(요 11:25) 이 부활 생명은 그리스도의 성령을 통하여 인간 속에 임재하시기 때문에 그리스도는 현재도 살아 계셔서 온 천하를 다스리십니다. 그러나 이 성령에 반항하는 악의 세력 사탄이 각 사람을 항상 미혹하고 오도해서 비진리 속 멸망의 길로 인도하고 있음도 엄연한 현실입니다.

  이와 같이 인생이란 흑암 세력과의 싸움을 잠시도 쉴 수 없는 존재입니다.(눅 22:32) 여기에 대한 승리의 길은 우리들도 그리스도처럼 작은 십자가를 지는 길밖에 없습니다.(마 16:24)

즉 믿음으로 자기희생이라는 새 능력을 발하는 길 이외에는 해결책이 없는 것입니다.(요 10:17, 18, 요일 5:4) 왜냐하면 사탄은 항상 우리를 욕심과 아집으로 이끌기 때문입니다.(약 1:15)

그래서 바울은 주는 자가 복이 있다 하였고,(행 20:35) 주님 자신도 한 알의 밀이 땅에 떨어져 죽어야만 결실한다고 하신 것입니다.(요 12:24) 영원한 생명이란 이처럼 죽어도 죽지 않고, 주어도 안 없어지고, 졌다고 손실 없는 새 차원의 세계를 말합니다. 즉 늘지도 않고 줄지도 않는 절대적인 속성인 하늘의 세계입니다. 그렇기에 실로 독수리처럼 달음박질하는 새 힘의 자유로운 행동이 가능하니, 이가 바로 참 자유입니다.(사 40:31, 요 8:36) 이 자유는 다만 성령으로써만 부여되며, 인생은 이때에 비로소 참된 삶의 보람을 느끼게 됩니다. 그래서 사탄은 각양각색으로 이 자유를 방해하고 교란하여 인생을 평강이 빠진 악인으로 만들려 합니다.(사 57:21, 전 4:6) 이 자유와 평강을 유지하느냐가 천국민의 능력과 축복의 척도입니다.(시 29:10, 11) 이처럼 모든 문제 해결법은 오직 자기희생뿐이요, 이 희생을 가능케 함이 바로 복음의 능력입니다. 주의 음성을 들은 자는 살아날 것입니다.(요 5:25)

안식의 복

안식이란 지성소에만 있는 복이므로 악인에게는 있을 수 없습니다. 사탄은 항상 그리스도인의 이 복음 생활을 시기해서 그가 누리는 평강을 교란시키려 합니다.(사 57:21, 눅 22:31) 구약의 역사를 보면 이스라엘 백성이 애굽에서는 탈출했으나, 그 후의 불순종 때문에 하나님의 진노로 안식을 박탈당하게 됩니다.(고전 10:6, 히 3:18) 그러므로 하나님의 백성이라도 안식에 들어간 자와 안식에 들어가지 못한 자로 구별이 됩니다. 이가 바로 장성한 자와 어린아이의 구분입니다.(히 4:1, 5:13)

하나님의 안식에 들어간 자의 표시는 오직 하나, 자기 일을 쉬는 점입니다.(히 4:10) 그는 하나님 앞에 회개하여 항복한 자로 그의 전부를 하나님에게 위임했으니 이제 아무 권리도 의무도 책임도 욕구도 없는 새 인생입니다. 그는 그저 생사 간 순종의 자유를 누리는 존재일 뿐입니다.(고후 3:17, 고전 6:20) 이 안식은 사람에게는 없는, 다만 절대자이신 하나님 속에만 있는 성품이기에 예수 그리스도만이 안식일의 주인이 되십니다. 하나님은 예루살렘에 계시는 평강의 왕이시며 평강의 하나님인 것입니다.(시 29:11, 마 12:8, 시 135:21, 히 13:20)

평강은 의와 떨어질 수 없습니다. 의의 공효가 화평이요, 의의 결과가 영원한 평강과 안전이기 때문입니다.(사 32:17) 그래서 멜기세덱의 진리를 통하지 않고는 어느 한 사람도 이 안식의 문제를 풀 수가 없습니다.(히 5:11, 7:1) 또 성령 역시 평강의 영이기 때문에 이처럼 삼위일체의 평강인 안식은 어떠한 장애물로도 방해받을 수 없는 절대적인 축복입니다.(요 20:21, 22, 시 119:165)

그리스도는 풍랑 속에서도 주무셨습니다.(막 4:38) 여호와께서 세우시는 집과 그가 지키시는 성이란 바로 이와 같은 안식의 기초 위에 서 있는 것입니다.(시 129:1, 2) 여호와의 본토에 심겨진 나무는 뽑힘이 없습니다.(암 9:15) 천국은 안식을 떠나서 있을 수 없으며, 안식이란 바로 승리를 뜻합니다.(신 12:10, 수 21:44) 그러므로 이 안식은 교리 이상의 현실의 축복입니다. 이는 그리스도 안에서 믿음으로 자아가 죽은 자가 누리는, 지성소 안에서만 있는 특별한 복인 것입니다.(시 95:11) 할렐루야.

아는 예수와 믿는 예수

예수를 아는 것과 믿는 것은 다릅니다. 분명히 다릅니다. 보고 믿는 것은 아는 것이요, 보지 못하고 믿는 것이 참 믿음입니다.(요 20:29) 이는 마치 의사를 아는 것과 믿는 것의 차이이기도 합니다. 내가 어떤 의사를 안다고 할 때는 그분의 인격이나 기술 또는 가정 사정에 대한 인식을 말하는 것이지만, 나 자신이 중병에 걸려서 그분에게 나의 생사 운명의 전부를 맡겼을 경우에는 그분을 믿어서인 것입니다. 그런 까닭에 믿는다는 것은 바로 내 생명을 맡긴다는 표현입니다. 이는 병자에게만 해당되는 표현입니다.(마 9:12-13) 그리고 그분의 치료 덕분에 병이 완치되고 건강이 회복됐다면, 그 때야말로 그분을 진정 잘 안다고 장담할 수 있는 것입니다.

예수가 세상에 계실 때 그를 따른 자들은 그분을 세례 요한 또는 엘리야 또는 예레미야나 선지자로만 보았습니다. 그러나 유독 베드로는 그분을 인간 이상 하나님의 아들인 그리스도로, 인류의 구원자로 고백하였습니다. 이는 사람의 지혜

이상 하나님의 계시인 동시에 베드로가 자기 자신이 죄인이라는 인식에서 나온 믿음의 고백이었던 것입니다.(마 16:13-16, 눅 5:8) 그래서 주님은 특별히 베드로를 복 있다고 하시고 교회와 천국 열쇠로 축복하신 것입니다.(마 16:17)

아는 것과 믿는 것과는 이처럼 구별됩니다. 그렇기에 예수를 아는 정도라면 그 사람은 항상 목마르려니와 진정 그를 믿는 자는 생수를 마시고 사는 만족이 따를 것입니다.(요 4:13-14) 그것은 또 태도에서도 경배와 예배로 갈라집니다. 예배는 하나님을 항상 모시고 사는 생활 자체인데 반해 하나님과의 일체 아닌 곳에서는 참배나 경배를 드릴 뿐입니다.(요 4:20-23, 롬 12:1) 그렇기에 성전 문제가 치열한 싸움의 대상으로 사활의 문제가 되었던 것입니다. 스데반의 순교가 있었고, 또 바울의 과도한 성전 고집의 증언이 불가피했던 것입니다.(고전 3:16, 고후 6:16, 13:5) 이는 성전 문제가 바로 양심을 좌우하는 분기점인 까닭에서였습니다.(딤전 1:19, 4:2, 히 9:9)

예수를 아는데 그치는 자들은 스스로 의인으로 여기나, 죄임됨을 깨달은 사람들은 예수를 꼭 믿어야만 살 수 있습니다. 만일 자기 죄도 모르면서 믿는다 함은 거짓말이니, 회개하고 진정한 믿음을 가져야 합니다.(요 8:44) 내가 너희에게 이르노니 인자가 올 때에 세상에서 믿음을 보겠느냐.(눅 18:8)

건강 상실이 축복이 되는 이유

인간은 태어나면서부터 죄인입니다.(롬 3:10) 선보다도 악을
더 좋아하는 악의 종자입니다. 그래서 인간은 근본부터 변치
않고는(요 3:3) 동물적 근성을 벗어나지 못하는 참으로 저주
받은 존재입니다. 인간의 정체에 대한 심판의 기록이 바로 인
간의 역사입니다.

이와 같은 인간을 속에서부터 변화시키려는 진리, 그것이
종교입니다. 그래서 갖가지 종교가 생기며 그중 기독교만 하
더라도 여러 가지가 있습니다. 죄를 해결하는 진리 그것이 그
리스도의 복음입니다. 그런데 죄 중의 죄인 죄의 뿌리가 무엇
인지 모를 정도로 인간은 죄에 마비되어 있습니다. 거짓과 살
인, 간음과 도적질은 죄가 아니라 죄의 열매입니다. 근본적인
죄는 피조물인 인간이 하나님 노릇하는 데 있습니다. 자기 것
아닌 것을 마치 자기 것처럼 철저히 고집하고 있는 곳에 모든
악이 싹터 있습니다.(렘 2:13) 이처럼 도적질한 인간에게 평강
이 있을 까닭이 없습니다.(롬 2:21, 사 57:21) 그래서 그 마음의

공허, 즉 없는 평강을 만들어 보려고 수단과 방법을 다하지만, 결과는 모래 위에 지은 집처럼 허사이게 마련입니다.

이처럼 미친 인생(전 9:3)에게 자기 자신의 정체를 바로 파악할 수 있는 기회가 주어집니다. 그것이 병고病苦입니다. 쇠기둥처럼 믿었던 자신의 건강이 나빠져 죽음을 생각하게 될 때, 지금까지의 자기 위치가 근본적으로 잘못된 착각임을 깨닫는 것입니다. 그가 하나님의 것인 정상 위치로 돌아올 때 거기서 진정한 평강의 인생이 됩니다.(시 29:11) 그는 주 안에서의 자신이 세상을 이긴 자라는 영광에 눈뜨게 됩니다. 이제는 모든 호흡이 찬송이 됩니다. 자기보다 행복한 자가 없다는 은혜로 인해 더 이상의 무엇이 필요 없기 때문입니다. 이처럼 넘친 자는 죽음이 공포가 아닌 쾌락이 되니 이것이 산 신앙입니다. 실로 평강 없이는 감사도 없는 것입니다.(시 50:23)

건강상실이 축복이되는이야기 (복음七—三三)

93
11/13
—사도 7—

인간은 날때서부터 죄인이다(롬5:12) 선보다도 악을더좋아하는 악의종자다(요강15) 그래서 이인
간이근본 삐뚤어졌다(요3:3) 동물적근성을 벗어나지못하는 참으로 죄주적존
재가되다(사1:20) 그런체가 이땅에 인지여덫한 사실적살것기록이 역사이었다. 이와같은
인간을 속에서부터 변화시키려는 진리 글이 좋은의, 그래서가가지중교가 생겨 기독교만
한반도로 들어가졌다. 즉 파회 기독교 천주 기독교 병고치는기독교 살래하는기독교 그리고 속회
의 기독교이다. 진리로해결하는 진리 글씨 우리 글도의 복음이다. (약1장) 그런데 철당의
진리의혜택리가 무엇인지 모르고 정도로인정아직에만 바라였있다. 거짓구상인 간음교도전철
으레가 아니라 정의역멘다. 근본친 피존물로인것이 하나님 놀낫하는데에있다. 자기것이 아닌것은
마지 자기것처럼하고 관한하곳이 모든악의 설건이다.(약1장) 어겋도더잘 한샀에게 평강
이없음에라도있었다.(복음상도리) 그럼관시 구마으이중교 즉 없는평강을 갖들어잖다고 약칭 갔
이슈탄방법으로 다해 날뛰나 자기자신 의정체로는 바두과악수였는 가의가 주었진다 그것이 병
이워짐이친이생(전관)돼게 쇠뇌동처럼 만든다자신의 진강이 교장나서 죽음을생각하게된때
이다. 쇠뇌동처럼 만든다자신의 진강이 교장나서 하나님것으로서의 정상위치로반납
가,) 보전으로잘 못되면영적난착같을제앨려고 그근주안에서의자기가 바로옛주주인
함때, 기가사진정한평강의 이생이된다(사뭇!!) 더앙행복 이편요없었과문이다. 이러닭냄것친자는죽음의 이자기
궁으로서의 우글들 전릭한자신의 역에판에는떠나 함음의찬송이있는다 (창전같음이있있자기
궁모아년레탁이되니 이겨이사진앙아있다.(히고강) 함격자는 감사가려진다. 경강없이강살도있었다(동범)

일과 열매

그리스도의 영은 은혜의 영입니다. 그리스도인은 그리스도의 영을 받아 믿음을 가지게 되지, 인간적 지식이나 감정, 신념을 통해서 믿음을 얻는 것이 아닙니다. 보통 도덕이나 율법이라면 누구나 알기 쉽지만, 이 은혜를 믿는 일이 참으로 어려운 이유는 바로 여기 있습니다.(고전 12:3) 은혜는 위로부터 주시는 아가페의 사랑입니다. 따라서 교만한 인생들이 이 은혜의 보좌에 나가려면 회심, 즉 거듭나는 일 없이는 불가능합니다. 그러나 은혜를 받게 되는 순간, 어떤 죄인도 새로운 피조물이 됩니다. 하나님 자신을 소유하는 천국 시민이요, 임마누엘의 보배를 지닌 질그릇이 됩니다. 이 놀라운 축복 때문에, 이제까지 그가 가장 아꼈던 모든 것을 분토糞土같이 버릴 수 있게 됩니다. 그와 같이 버리는 마음의 바탕에 비로소 영적 평강이 강물처럼 넘쳐흐르게 되는 것입니다.(고후 4:7, 요 14:27)

신약성서가 말하는 은혜와 평강이란 이와 같이 불가분의

관계에 있습니다. 그리스도의 평강은 절대적 평강이요, 어떠한 장애물에도 없어지지 않는 큰 평안입니다. 여기에서 나오는 감사와 기쁨은 무슨 형태로든지 나타나게 마련이니, 그 결실은 무엇으로도 금지할 수 없습니다.(골 3:15, 갈 5:23) 이와 반대로 인간적 열심에서 우러나오는 일은 열매 같으나, 사실은 일시적 꽃에 지나지 않습니다.(벧전 1:24)

하나님의 일은 다만 믿음뿐입니다. 인간의 일은 육이요, 진정한 열매는 영으로 나타납니다. 여기 바로 모세와 그리스도의 차이가 있으니, 율법과 복음은 반드시 갈라지게 마련입니다.(요 6:29, 1:17) 활동이면 모두 하나님의 일이라고 떠드는 무리, 열매 열매하면서 일과 열매를 구별 못하는 소경, 이는 모두가 은혜의 성령을 모독하는 십자가의 원수요, 불신임을 분명 알아야 합니다.(히 10:29)

비교불가능

하늘과 땅은 비교가 안 됩니다.(사 55:8) 하나님과 사람은 비교가 안 됩니다.(호 11:9) 보이는 것과 보이지 않는 것은 비교가 안 됩니다.(고후 4:18) 영과 육은 비교가 안 됩니다.(롬 8:5) 따라서 심령은 육의 병을 능히 이기며 마음의 즐거움은 최고의 약이 되는데 반해 심령의 근심은 뼈까지도 마르게 합니다. 그러므로 육의 일의 해결은 결국 영에 있습니다. 원리적으로 말해서 세상만사는 육의 일인 까닭에 우리가 당하는 현실 문제의 근원은 바로 영적인 능력의 부족에 기인합니다. 즉, 내가 누리는 복음에 문제가 있음을 알고 모든 문제가 그리스도인인 나에게 있다고 보아야 하는 것입니다.(막 1:15)

그런데 감사하게도 그 해결의 빛이 비쳐왔습니다. 지금까지 불가능한 것이 이제부터는 가능하게 되었다는 그 축복입니다. 나는 바울의 복음이 바로 이것이라는 것을 로마서에서 발견했습니다. 현재의 고난은 장차 나타날 영광과 족히 비교가 안 된다는 그 믿음의 말씀입니다.(롬 8:18) 환난과 영광을 비교할 때 넉넉히 이길 수 있다는 그 믿음, 더 나아가서 이기고 도 남는다는 그 넘치는 확신 속에 바울 신앙의 근본이 있음 을 알게 된 것입니다.

여기서 문제가 되는 것은 영광의 분량입니다. 도대체 얼마 나 큰 영광이기에 고난과 비교가 안 되는 것이겠습니까? 비교 불가능한 엄청난 영광이 어디에 있단 말입니까? 그것이 바로 그의 영광의 복음이요(고후 4:4) 그리스도인의 얼굴에 나타난 하나님의 영광을 아는 빛입니다.(고후 4:6, 말 4:2) 사탄은 이것 을 방해해서 신자로 하여금 고난을 이기지 못하게 합니다. 상 속자, 즉 그리스도와 함께 한 후사는 하나님의 영광이 바로 그 자신의 영광이기에 고난과 비교가 되지 않습니다. 자신은 적자赤字로 손해이나 상속하면 흑자黑字입니다. 따라서 상속자 는 비교가 안 되는 것입니다. 곤고도 환난도 죽음도 비교 불 가능이니, 아 장자 영광만세 또 만세. 할렐루야. 아멘 아멘.

비 교 불 가 능 （복음 九—三） 98. 1. 17 ——신비?——

한늘과 땅과 비교가 안된다. 똑같은 하나님과 사랑은 비교가 안된다 (요) 본인의 것과 보이지 않는 것과

는 비교가 안된다 (고후) 영광은 비교가 안된다 (롬) 따라서 십일조 은혜의 명을 흥흥이 가며 (참조) 마음의

좋거움은 최고의 약이 되는데 마주 십자의 군상이 빼까지도 말게 한다 (욥고) 그런 고로 육의 일 의 깨끗

은 결국 영에서 왔으니 원리적으로 말해서 생명만이 수 육의 안에 하늘에 우리다 하늘 심 문제의 발생소 원리니 바

로 영의 능력 안에 일속 에 기산한 단순실 즉 신영적인 잠 생겼 보다면 복 음에 문제가 있었음을 알고 모든 바

책임이 기록 똑같은 내게 섰다 복아 앉아 하는 것이다 (약) 그런데 장사라게 도 이제 고해결의 서광이 비

처 왔단는 그 은혜 있다. 지금 것은 불간의 이접 구하는 것을 그 의로 마서 언저 발견 했으니 그 가막한 현재 있다는 중축복이다 (영상)

난 는 바울의 복음의 비로 이러 것이 간을 로자 심 하게 했다는 중축복이다 (영상)

날 영과 과 족 히 비교 안 된다는 곳이 있었다 (요) 하나과 영광을 비교 했다 (고전) 북 닝하이 간 수 있

단 구 믿음. 더 욱 나 가서 이기고 도둑는 단 그 넉지는 화신속에 바울 신의 근본이 이름을 나는 알게

되 것이다 (七히) 여기서 문제 된 것이 영광의 위로 문제다. 도대체 얼마큰 영광이기에 고난과는 비교

가 안 되다는 것일까. 비교 불간의 의 먼저 심 영광이 어디었다 말인가 그것이 바로 그의 명광의 복음

일요 (四후) 우리 소독의 역존 골후 하나님의 영광을 안 는 빛을 비존 (골후) 사람은 이것을 지금 까지도

방해 하여서 심자로 하 였음을 못 이가 도록 하고 왔다 는 것이 바로 복음의 공장 왕을 난 알게 왔다

문제 해결 우 상속자 주장 잠음 이 모다 있으며 고린도 독자 하급기리 우 사상속자다 하나님의 영광의 바

고 자신의 영광 이기에 피난과 비교 가산 되 겠었다. 자신은 천자 들레서 아상 속 하급 후지 있다 따라서 상속

만 이 비교 가 안 된 것 있다. 곤고 도 환난도 죽음도 비교 불 간이니 아, 장자 영광 만 세도 만세 할 랠 루야 아멘

——시 二五 ○ 마 三 五 고 四 요 八 八——

머리에서 꼬리로

머리는 승리와 지배를 뜻하는 표시요, 또 축복의 상징이기에 누구나 원하고 좋아함이 인간의 상정입니다. 모세 율법의 축복을 요약하면 이것이 그 전부입니다. 그래서 교회에서 하는 축복기도의 대표인 이 말씀처럼 교인들에게 애용되는 말씀도 없을 것입니다.(신 28:13)

그런데 문제는 과연 이것이 예수에게 통하느냐입니다. 즉 그리스도의 복음과는 문제가 없느냐는 것입니다. 슬프게도 주님은 이와 반대로 머리가 아닌 꼬리가 되기를 원하십니다. 이것 하나만 보아도 진정한 그리스도의 복음은 인간에게 거치는 돌이 되어 환영받을 수 없음을 알 수 있습니다.(사 55:8, 렘 6:10) 즉 으뜸이 되고자 하거든 섬기는 자가 되고 상전이 되고 싶거든 종이 되라고 하셨으니 말입니다. 어쩌면 모세의 율법과 이렇게도 다르단 말입니까.

그러므로 우리는 성서를 대할 때마다 글자만 보지 말고 복음의 말씀으로, 영적으로 소화해서 볼 필요가 있습니다.(고후 3:6, 사 34:16) 그리스도는 왜 이렇게 반대되는 말씀을 하셨을까요? 이는 당신의 십자가의 희생과 부활로 우리들의 모든 문제를 완전히, 철저히 해결해 주셨기 때문입니다. 그렇기 때문에 그 은혜에 접한 사람은 이미 만족해서 머리가 될 필요를 못 느끼기 때문입니다.(요 4:14, 19:30) 마치 배부른 자가 음식을 자연스럽게 사양하듯, 진리에 채워진 자는 감사에 넘쳐 꼬리라도 황송한 것이 숨길 수 없는 진정이기 때문입니다. 그는 주는 것을 복으로 삼는 새 인생이 되었기 때문입니다.(행 20:35, 고후 5:17)

이처럼 꼬리냐 머리냐에 복음과 율법의 판가름이 있습니다. 그렇기에 꼬리가 되기 싫어하는 복음은 다른 복음입니다. 꼬리에는 불평불만과 허위허식이 없는 반면 머리에는 항상 가시가 있습니다.(삿 9:14) 실로 머리가 꼬리로 됨이 인생의 성공입니다.

땅 끝까지 이르러 증인이 되라

구약에 사람들에게 땅을 정복하라는 지상명령은 신약에 와서 땅 끝까지 이르러 증인이 되라는 말씀으로 결실되었다고 믿습니다.(창 1:28, 행 1:8) 여기서 땅 끝이란 과연 어디를 가리키는 것이겠습니까? 나는 이를 어떤 지역으로 한정하지 않고, 지금 내가 서 있는 바로 이 자리로 받아들입니다.(출 3:5) 그리고 내가 정복해야 할 것은 다름 아닌 내 무덤이라고 생각합니다.(고전 15:26, 히 2:14, 15) 즉 죽음을 정복한 사람이 천국 시민이요, 이를 가능케 하시는 분이 바로 그리스도요, 그의 은총이 아니겠습니까.

여기에 바로 그리스도께서 절대적 진리가 되시는 이유가 있습니다. 천하에 그분만이 부활이요 생명이 되시기 때문입니다. 이로써 그리스도인이란 무덤에서 나온 사람을 가리킵니다. 이것이 곧 신생新生이니 이처럼 죽음을 깨치고 부활생명을 얻은 사람은 온 천하를 다 준다 해도 별 동요 없이 만족하며 살게 됩니다. 이는 그리스도의 의와 거룩이 곧 자신의 의와

거룩으로 일치되어 믿어질 때 이루어지는 기적입니다.(호 7:8, 고전 1:30, 고후 5:21)

이와 반대로 아직도 죽음에 머무는 사람은 천하를 다 삼켜도 부족하여 "다오, 다오"라고 합니다.(잠 30:15) 참으로 탐심에는 한정이 없습니다.(눅 12:15, 골 3:5) 그리스도는 사망에 대한 절대 승리자입니다. 당신을 믿는 사람에게 완전한 자유를 보장하십니다.

인생에는 두 갈래 길밖에 없습니다. 무덤 안이냐 밖이냐, 영문 안이냐 밖이냐(히 13:13)입니다. 이 인생을 사망에서 생명으로 옮기는 일 이상의 하나님의 일은 없고,(요 6:29) 이 사망의 음침한 골짜기에서 내가 죽음에서 생명으로 옮겨졌다는 사실 이상의 더 큰 기적도 축복도 없습니다. 이 사실을 알게 될 때 죽음을 나타내는 마른 뼈가 살아 움직이기 시작합니다.(왕하 13:21, 겔 37:7, 10) 그리고 그는 이제 더 바랄 것이 없는 자신, 즉 땅 끝까지 점령한 자신을 발견하게 됩니다.

과녁판

신앙은 축복받는 것이 아니라, 천국의 과녁판이 되는 것입니다. 만물의 찌꺼기처럼, 구경거리가 되고 능욕받는 인생이 되는 것입니다.(고전 4:9-13) 신앙은 곧 생명이기에, 사망의 골짜기인 이 세상에서는 그러한 모습으로만 나타날 수밖에 없는 것입니다. 우치무라는 참 신앙에는 반드시 환난이 따른다고 했습니다. 그는 딸을 잃고 직업을 잃고, 부인을 잃고 친구도 잃고, 형제친척 심지어 어머니한테까지 버림을 당했습니다. 이처럼 특히 말씀을 전하는 사역자들에게 더욱 고난이 극심하니, 그 이유는 사탄이 제일 싫어하는 것이 바로 말씀이기 때문입니다. 반란군이 노리는 것은 무기고인 것처럼 하나님의 무기고를 맡은 청지기, 여기에 사탄의 공격 목표가 있습니다. 보라, 일본의 복음 전도자인 쓰카모토 도라지, 후지이 다케시, 구로사키 고우끼지, 야나이하라 다다오 등 이 모두가 30대에 사랑하는 배우자를 잃었으니, 어찌 이가 우연의 일치겠습니까.

구약성서에서 의인으로 꼽는 욥을 보아도 알 수 있습니다. 그는 의인이기에 고난이 극심했던 것입니다.(시 34:19) 가지각색의 시련과 고난으로 마침내 자기 생일까지 저주할 정도였는데, 그는 자기를 가리켜 과녁판이라고 했습니다.(6:4, 16:12) 이 점은 예레미야도 같습니다.(애 3:12) 사탄은 이 과녁판을 마구 쏩니다. 넘어지도록, 없어지도록, 쓰러지도록 쏘고 또 쏩니다. 그러나 하나님은 사탄이 쏠수록 더욱 높이 드셔서 더 쏘게 하십니다. 하나님은 승산이 있어서요.(고전 10:13) 자신의 의로운 오른 손으로 붙들고 계시기 때문입니다.(사 41:10, 시 37:24)

복음과 고난, 말씀과 과녁판은 피할 수 없습니다.(딤후 1:8) 그러나 천지는 없어질지언정 말씀 자체가 어찌 없어지리오. 그러므로 사탄은 결코 이길 수 없습니다. 사람도 주를 이길 수는 없는 것입니다.(롬 8:35, 대하 14:11)

우리는 모두가 진리의 과녁판입니다. 큰 과녁판이 견디는 그 그늘에서 작은 과녁판은 용기백배합니다. 죄의 과녁판이었던 우리가 이제는 놀랍게도 천국의 과녁판이 되었으니, 이가 곧 새롭게 지음 받은 증거입니다. 그러니 눈물 속에서도 감사가 있을 뿐입니다.(고후 5:17, 아 4:16)

공격과 수비

바울이 복음을 자랑한 이유는 그 복음에 무게가 있어서였습니다. 즉 말에 그치지 아니하는 능력이 있어서니, 곧 고난이었습니다. 그러므로 그는 디모데에게 복음과 함께 고난을 받으라 했고, 그리스도 예수의 좋은 군사는 고난의 종임을 역설하였습니다.(딤후 1:8, 2:3) 실로 그에게 있어서 고난이 없는 은혜란 알맹이 없는 껍데기였습니다.(빌 1:29)

히브리서는 신자를 경기장에 나선 선수로 비유했습니다.(12:1) 승리를 겨루기에 공격과 수비의 양면이 있듯이, 우리 신앙생활 역시 두 가지 측면이 있습니다. 그리스도는 길이요, 진리요, 생명이신데, 생명은 적극적인 면 즉 공격이요 진리는 소극적 방면, 즉 수비라고도 할 수 있겠습니다.(요 14:6) 공격은 주목받고 화려해서 인기를 끌지만, 수비는 대수롭지 않게 여기며, 때로는 쓸데없는 것처럼 무시당하기 쉽습니다.

그러나 수비만 잘하면 절대 지지 않는 경기가 있으니, 축구, 배구, 농구, 탁구 등이 그것입니다. 사탄은 언제나 우리의 수

비의 허점을 노립니다. 마치 여호수아가 아이성을 공략할 때, 거짓으로 패하고 문지기까지 나오게 해서 그 틈에 쳐들어갔던 것처럼 말입니다.(수 8:17) 또는 다시 오시는 주님을 영접한 자가 그저 맷돌을 갈던 여인이요, 밭에 있는 남자라는 사실처럼 말입니다.(마 24:40, 41)

새롭고 산 길인 복음에 참여한 자는 그 은혜가 놀라운 축복인 만큼, 은혜를 간직하기 위한 십자가 또한 상상 이상으로 큽니다. 이것이 십자가의 도요, 생명의 문인 것입니다.(마 7:14) 수비는 인기가 없습니다. 그러나 진정한 선수의 면목은 여기에 있습니다. 순금반지를 다시 도금하는 것은 어리석은 짓입니다. 그리스도의 은혜를 무시하고 먹칠하는 인간의 열심은 크게 보이지만 조용히 믿고 범사를 감사로 사는 진리의 수비 선수는 눈에 잘 띄지 않습니다. 그러나 땅의 운명은 이 수비용사로 인하여 좌우될 것입니다.(사 30:15)

천직

인간은 각양각색으로 각자 자기 개성에 합당한 생활을 할 때 비로소 사는 보람이 있습니다. 나무로 말한다면 감람나무는 기름이요, 무화과나무는 열매요, 포도나무는 새 술이 그 생명입니다.(삿 9:9-13) 그들이 이 같은 자기 천직에 만족할 때 각각 포도나무 무화과나무 아래로 다른 나무를 초대하게 됩니다.(슥 3:10) 이와는 반대로 세상적 영웅심에 불타는 자들, 소위 인물이란 자는 하늘이 주신 자기 천직보다는 행복이요 출세라는 헛된 영광에 현혹됩니다. 그는 다른 사람을 지배하고자 하는 오만한 마음에 불타서 제1인자가 될 꿈만 꾸고 살아갑니다. 그 결과 표면적으로는 화려한 인생 같으나 내용에 있어서는 짐승같은 부끄러운 존재로 살아갑니다. 이가 바로 찌꺼기 인생인 가시나무들입니다.(삿 9:14-15)

이처럼 사람에게 가장 어려운 것은 실로 자기 천직의 발견입니다. 인생의 고민이 바로 여기 있다 해도 과언이 아닐 것입니다. 자기 위치(천직)의 발견은 인간의 지혜 이상, 신앙에서만 해결되는 것으로 인간의 머리로는 결코 해결되지 않기 때문입니다. 세상적으로 머리가 발달한 자일수록 자기 지혜에 넘어져서 그가 바라는 행복과는 달리 불행한 삶을 삽니다. 이것은 인생 오산, 즉 자기 천직을 몰라서 생긴 비극입니다. 자기 힘으로 사는 자는 자기 책임 하에 사는 심히 미약한 존재이나 하나님의 형상으로 사는 자는 하나님이 책임지는 새 위치에 눈뜹니다.(창 1:27, 갈 2:20) 그 때부터 그의 현재가 바로 그의 천직임을 알게 되는 것입니다.(요 6:29) 사망의 골짜기인 세상에서는 영생 즉 사망에 대한 면역 없이 천직이 없습니다. 따라서 먼저 그 나라와 의를 획득해야만 만사가 해결됩니다.

천직이란 특별한 일이 아니라 임마누엘, 곧 하나님과 동행하는 것입니다.(마 1:23) 그렇기에 천직은 사람에게는 고난의 십자가가 되니, 그 이유는 하나님 앞에는 제사보다 순종이 더 크기 때문입니다. 참 그리스도인은 모두가 천직자로, 현재에 만족한 자입니다. 인생의 가치는 바로 현재의 가치이기 때문입니다.(살전 5:16)

천 직 (복음七~二六七) 94. 9.16 —사뭇ㅎ—

인간은각양각색으로서각자가개성에합당한생활을할때 비로서人는보람이었다
나무로하다면 갈남나무는기름이요 口木과나무는열매요 꼳도나무는생숲이구생명인
꼴로 쑛오-丰 그들이같은자기천직에만족할때미각 포도나무 무화과나무 아래로다나다
물들을추대하겠도다 (들치) 이완瓦대로 (상상적영영섭에늘라는것을 숲위 인물이라잔는
하늘이웃진자기천직보다는 행복이요출셀라는천요 영광에현혹되여서 다른사상을지배하
고저한오만한섭정이불나 제(인자죽왕이된꿈을구니 구절과품면상은 화려한인생
같으나 내용에있어서는 잔송같은부끄러운존재가되고마니 이가받도찌기이생이가산무
들이다 (쑛셩) 이처럼사람에게있어 가장영근것은 살로자기천직의발전요 인생의
곰이바로먼기에있다해도과언이아닐것이다. 자기위치(천직)의발전은 인간진혜이상의
상앙에서만해결됫은짓일로서 인간두뇌로서는절고해결되지않기때문이다. 세상적으로
됫것은 인생옷산 즉자기천직을몰라서생긴二그이다 자기가사는자기책엄하여서
머리가받닿찬삶슈록 자기집에너머저서 (장변) 구가모전락하는 행복 관사반대의불로앙이
갈 (ㄷ) 오때부터 금구의 천직생활을알게돗읓이다 (욥-5ㄹ) 사망의골작기가상
엇는 영생 즉 사망면역인가 인직으상노천직옷없다. 따라서먼저그나라와의들로회득
행앞만사가해결되다 (막三3 욧3시로부터) 천직이란특별한언아니라정만일이다 (마-5)
따라서천직이는 二간이심자가가되 (해太24) 하나님앞에는 쟁바다수준옷이드고
누섭히며약잔존재다 하나님의형앙으로보산는간난 하나님이책엄지는생의짓에는뭐디 (참-ㄹ)
기때문이다. (삼장퓸먼) 참기독자는모두가천직자로서 현재가만족한잔자 바인생가치는 (살전5~망)
제十퓸3 로천재가치이깊운이다)

세계 정복자

하나님이 인생을 창조하신 목적은 무엇이겠습니까? 부귀영화를 누리게 하심입니까, 일백 자녀를 기르게 하심입니까? 또는 만년의 장수를 누리게 하심이겠습니까? 아니면 교회를 위하여, 전도 사업을 위하여 창조하셨겠습니까? 만일 그것들이 창조의 목적이었다면, 우리들은 틀림없이 실패자, 낙오자입니다. 그러나 참으로 감사한 것은 창조의 목적이 그와 같은 것이 아니라, 오직 야훼를 찬송하게 하심이라고 성경에 기록되어 있습니다.(사 43:21) 그러므로 우리가 사업을 못하고, 전도를 못하고, 자녀도 없고, 가난, 중병, 단명短命의 일생이었다 해도 결코 실패자가 아닙니다. 어떤 환경에서도 하나님께 감사, 찬송만 할 수 있다면 그것 하나로 그 인생은 훌륭한 합격자가 될 수 있는 것이 진리입니다.(마 3:17)

그런데 이 찬송에는 두 가지가 있습니다. 진짜 찬송과 가짜 찬송이 그것입니다. 가짜 찬송은 환경이 좋을 때는 찬송하되 어려움이 올 때는 저주가 나오는 것이요,(약 3:10) 진짜 찬송

은 환경의 조건과 무관하게 항상 감사하는 것을 말합니다.(히 13:15)

진짜 찬송은 하나님의 진짜 백성에게서만 나옵니다. 믿음이 진짜냐 가짜냐의 분별은 방언이나 세례에 있는 것이 아니라, 오직 변치 않는 찬송과 감사에 있을 뿐입니다.(욥 35:11) 그런 까닭에 하나님은 본심이 아니면서도 환난을 허락하셔서 그 환난을 통해서 진짜 자녀의 면목을 드러내십니다.(애 3:33, 사 45:7) 실로 하나님의 창조가 실패냐 성공이냐의 판가름은 그의 자녀들의 찬송과 저주에 달려 있습니다.(사 45:18) 여기에 하나님께서 당신의 참 아들 된 자만 징계하시며, 사랑받는 자만 채찍질하시며(히 12:6, 8) 특히 맏아들 장자된 자를 과녁으로 삼으셔서 사방에서 쏘게 하시는 까닭이 있습니다. 승리의 자신이 있기 때문입니다.(욥 16:12, 요 16:22, 고후 4:8) 성도여 하나님이 일부러 찢으시는 참 뜻을 알아서 더욱 더욱 찬송, 감사를 드립시다. 이것이 세계를 정복하는 의인의 믿음입니다.

사적 축복과 공적 축복

신앙생활의 축복에는 두 가지가 있습니다. 하나는 사적 축복이요, 또 하나는 공적 축복입니다. 건강의 복, 재물의 복, 자녀의 복, 지식의 복, 명예의 복 등등은 사적 축복이고, 환난, 곤고, 시험 등의 십자가를 지는 것을 공적 축복이라고 나는 믿습니다.

전자가 왜 사적이냐 하면, 그런 복들은 자신에게는 복이 될지언정, 다른 사람에게는 아무런 도움이 되지 않기 때문입니다. 이는 오히려 시기와 질투와 낙심을 일으키는 거친 돌이 됩니다. 후자를 공적이라 함은 그것들이 본인 자신에게는 슬퍼보이나,(히 12:11) 그 고난에 순종할 때(골 1:24) 다른 사람에게 주는 위로와 감동이 절대적인 까닭입니다. 그렇기에 이것을 공적 축복이라고 부를 수 있는 것입니다.

에서에게서 장자의 권리를 빼앗은 야곱은 생애의 전반기가 모두 사적 축복으로 차 있습니다. 아들을 많이 낳고,(창 30장) 부인들을 많이 거느리고,(창 29장) 재산이 심히 풍부해지는 일들이 그것입니다.(30:43) 그러나 그가 얍복 강변에서 하나님과 겨루어 승리했다는 뜻으로 이스라엘이라 개명한 후에는 환난이 잇따릅니다. 그가 당한 일은 첫째로 그의 딸 디나가 토인에게 욕을 당한 일,(창 34:1) 둘째는 디나의 오라비들이 그것을 복수하기 위해 살인 노략을 하는 방법으로 하나님의 거룩한 예법인 할례를 악용한 일,(34:25) 셋째는 애처 라헬의 죽음,(창 35:19) 넷째는 장자 르우벤이 서모와 통간한 사건이었습니다.(35:22)

그뿐이 아닙니다. 자식들의 불화로 요셉을 잃었고,(37:35) 기근 때문에 시므온 베냐민까지 뺏기니,(42:36) 그의 일생은 그가 말한 대로 험악한 나그네 생활이었습니다.(47:9) 그러나 그는 이러한 환난에도 믿음으로 승리했습니다.(눅 22:31, 32) 이와 같은 외면적 환난 속에서도 믿음의 승리로 인해 그는 오늘날까지도 열 두 지파의 두목으로 빛나는 것입니다. 이것은 야곱이 아닌 이스라엘 전 역사의 참 면목입니다. 우리에게도 참 복은 주님의 지상 명령의 참 뜻을 알고 순종하는 자를 통해서만 올 것입니다. 그것만이 공적인 의미를 띄기 때문입니다.(마 16:24)

버릴 수 있는 복

인간들은 복이라면 받는 것과 얻는 것뿐인 줄 알고, 반대로 버리는 것이 복인 줄 알지 못합니다. 그래서 모두가 탐심의 우상 숭배자로(골 3:5) 항상 욕심이 잉태 중인 죄의 종 된 사망 족속입니다. 이같은 사망의 몸을 영생의 몸으로 변화시키기 위해 오신 이가 예수 그리스도입니다. 그렇기에 예수 믿는 자란 바로 사망에서 생명으로 옮겨진 자임을 말합니다. 이가 새로운 피조물입니다.

그의 복은 받는 것 아닌 주는데 있으니(행 20:35) 그의 권세가 누리는 권세로부터 버리는 권세로 변했기 때문입니다. 신앙에서 복음 신앙은 율법으로부터의 장성을 뜻합니다. 장성의 비결은 옛것을 버리는데 있으니(고전 13:11) 온전함을 원한다면 부분적인 것을 버려야만 하는 것입니다. 인생은 모두가 나그네라 하면서도(벧전 2:11) 행복한 나그네가 못되고 불행한 나그네가 되는 것은 버리는 권세를 모르기 때문입니다. 그것은 오직 성령으로써만 해결되는 진리인데도(행 1:8) 성령이라

떠드는 무리 자신이 빛과 소금이 되지 못하는 비극이니 더욱 안타깝습니다. 이는 성령을 받고도 타락하며(눅 11:9, 히 6:4) 은혜의 성령을 욕되게 하는 실패하는 신앙입니다.

성령 충만이란 그 사람이 새 인생으로 전복되었음을 말하는 것입니다. 정반대로 변했음이 곧 거듭남입니다. 한 마디로 버리는 복을 누리게 된 자라는 말입니다. 세상을 버린다 함은 세상보다 더 큰 것을 가졌다는 뜻이요, 성전을 포기함은 성전보다 더 큰 것을 얻었다는 증거입니다.(마 12:6) 죽는 것이 유익이란 말은 죽음보다 더 강한 것을 소유 중이라는 말입니다.(빌 1:21) 모든 것을 분토같이 버린다 함은 가장 값진 진주 하나를 발견하여 소유한 천국 시민이 된 것을 말합니다. 따라서 언제든지 만사 만물을 기쁨으로 버릴 수 있는 복된 자가 바로 세상을 이긴 참 그리스도인으로 복음 제사장임을 나는 확신합니다.

버릴수있는복 (회I-二三) 98. 9. 19 ─번호二19─

인간들은복이라면받는것만는것빤알고반대의버리는것이복일줄알지못하고그
래서못가닥섬의우상숭배자로(롬─) 항상육신앙태중인죄의종되사망속에인것이다
악같은사망체로벗어나시키기위해오신가에수크리스도(죄의종물로써 (고후ㅣ) 그의복을받는
것이구원주는데있으니 (빤한) 우리것세는누린전세자로부터버린 전세자로변해기때문이다 (요二4-8)
신앙에서와복나신양을율법신앙에서부터의자양을뜻한다 (눈간) 그강성이비결을얻었은
버린데있으며 (고전) 온전한것을위하여단부분적인것을버려야마된것이다 (빌전ㅣ2) 인생들은
물육가나그냉하먹소도 (찟짓) 구가족한나그네가못된전리이데도 (행) 성령성령뜨는는무지자신
이바과소금이못된비극이다욱아�탓다 (빌) 이고른달되었어요 (고후) 성령성령뜨는는무지
를딸다는무디다 (빠4) 성령의드리게름로혹하성령받고도다락하며 (되전4-9) 는혜의성령으로욱되지하
눈살판신상이일 (미 션) 성령충만이란구사람이새양으로전부로되었음을말하는것으로 성빅대로변화
육이걸음불이다 (뇌) 한마디로죽이는복음을누게되게장라말다 세상을버린다향는세상
붓다더크게을가졌단는듯이요 (부4) 성전으로포기함은 서전보다다큰것을솔음못읽만
것이유익이란말은죽음보다다강한것을 (빠) 모든장을분토같이버린다함은
가장갸진진추하나를빨젼소유한천국시민된것을말한다 (빌三4─8) 따라서면제 돈지만사만물
으뤼가범으로버려수았는복자가바로세상을이긴참기독자로복음제상삶을산다화신한다 (고후6─10후교)

당당치 못한 죄

　하나님의 자녀는 당당한 권세자입니다. 주의 십자가의 피로
완전히, 영원히 용서받고 구원되었으며, 이제는 부끄러울 것
이 없는 자로 인정되었기 때문입니다.(딤후 2:15) 책망 받지 않
는 친 백성이 되었기 때문입니다.(골 1:22, 디 2:14) 천국 예복
을 입었기 때문입니다.(마 22:11, 갈 3:27) 그 이름이 하늘나라
에 기록되었기 때문입니다.(눅 10:20) 절대자의 보증을 받았
기 때문입니다.(히 6:17, 7:28) 피로 기름부음을 받은 제사장이
기 때문입니다.(계 5:9-10, 고후 1:21) 진동치 못할 나라를 받았
기 때문입니다.(히 12:28) 하나님의 면류관이 되었기 때문입니
다.(사 62:3, 살전 2:19) 야훼 보시기에 존귀한 자요, 보배로운
백성이 되었기 때문입니다.(사 49:5, 신 26:18) 마리아 이상의
행복한 자이기 때문입니다.(신 33:29, 눅 11:27) 세례 요한보다
더 큰 자가 되었기 때문입니다.(마 11:11) 천사보다 더 높은 존
재이기 때문입니다.(히 1:14) 주님의 기도의 대상이기 때문입
니다.(히 4:16, 10:19-20)

그러므로 복음 안에서는 담대함이 제일 큰 상급이니, 사람을 두려워하면 올무에 걸리고 복음을 부끄러워하면 침륜에 빠집니다. 죄인인 불구자 므비보셋의 살 길은 오직 믿음의 담력뿐입니다. 뒤로 물러가면 원수(사단)의 기쁨이 될지언정 왕(하나님)은 기뻐하지 않으신다는 사실을 알기 때문입니다.(삼하 9:7) 그런고로 당당치 못함은 결코 겸손이 아니라 비굴이요, 복음을 복종치 않는 범죄가 됨을 명심해야 합니다.(살후 1:8, 막 8:38)

임마누엘

사람은 무엇인가 가져야 든든하고 만족해합니다. 그리고 작은 것보다는 큰 것을, 변하는 것보다 변치 않는 것을, 천한 것보다 존귀한 것을 가지기를 원합니다. 이것은 누구도 숨길 수 없는 본심입니다. 그러나 현실은 어느 누구도 이에 대한 만족감을 누리지 못하는 데 비극이 있습니다. 참으로 세상에 있는 것들은 사람의 뜻대로 가질 수 없고 또 가졌다 해도 언젠가는 변하고 썩고 없어집니다. 더구나 인생 그 자체가 내일도 알 수 없는 하루살이 같은 나그네 인생이기 때문입니다. 이 안타까운 문제를 해결하신 분이 그리스도요 이를 현실로 체득한 사람이 그리스도인입니다.

임마누엘이란 "하나님이 우리와 함께 계시다"란 뜻입니다. 이것이 바로 신앙의 결론이요, 이 하나를 위하여 믿는다고 해도 결코 과언이 아닐 것입니다.(마 1:23) 반면 이 없이는 그 모양이 아무리 화려해도 빛 좋은 개살구 격으로 그 중심의 공허를 채울 수 없습니다. 이처럼 인간의 마음은 하나님 자신이 아니고서는 다른 무엇으로도 채울 수 없는 실체요, 또 이것만 있다면 기타의 것은 실로 분토처럼 포기할 수 있게 되는 것입니다.(행 20:35) 부활의 생명이란 그리스도 안에서 새로 지음 받은 새 생명이요, 죽음을 이긴 절대 생명입니다. 이가 임마누엘이요, 보배를 가진 질그릇입니다.

이와 같이 하나님을 가진 사람이 그리스도인입니다. 이는 결단코 교만한 고백이 아니라 환자의 자랑이요,(마 9:12) 신부의 보람이요,(호 2:19) 양의 정 위치요,(시 23:1) 아들의 권리인 것입니다.(히 12:7) 인생은 빈손으로 왔다가 빈손으로 가는 것이 아닙니다. 또 사업의 노예도 아닙니다. 오직 목적 있는 피조물로 하나님을 모시기 위해 있는 것입니다.(사 43:21) 하나님은 그리스도 안에 계셔서 당신의 희생으로 모든 대립을 해소시키시는 분이니, 이 모든 해결과 소화의 첫 시작이 부활입니다.(고후 5:11, 엡 2:14, 딤후 1:10) 부활의 권능 임마누엘에게는 만사가 감사뿐입니다.(살후 5:18)

영원하신 그리스도

절대로 이혼 당하지 않는 결혼을 영원한 결혼,(호 2:19) 깨지지 않는 반석을 영원한 반석이라 합니다.(사 26:4) 영원한 구원은 영세에 부끄러움을 당하지 않는 구원이며(사 45:17, 히 5:9) 영원한 자비는 무궁무진한 자비를 말합니다.(사 54:8) 어떠한 장애물에도 깨지지 않는 평강이 영원한 평강이며(시 119:165, 사 32:17) 어떠한 환난에도 없어지지 않는 즐거움이 영원한 즐거움이며,(시 16:11, 요 16:22) 두 번 다시 죄를 위한 대가가 불필요한 것이 영원한 속죄입니다.(히 9:12) 완전한 용서로 두 번 다시 제사를 요구치 않는 것이 영원한 제사며,(히 10:12-18) 언제나 없어지지 않는 영광이 영원한 영광입니다.(벧전 5:10, 딤후 2:10)

어떠한 이유로도 물릴 수 없는 기업이 영원한 기업이며,(엡 1:11, 히 9:15, 레 25:34, 신 9:29) 주님이 우리에게 먼저 구하라(마 6:33) 하신 나라와 의가 곧 영원한 나라이며, 영원한 의입니다.(시 119:142, 145:13) 하나님의 진실은 영원한 진실이며(시

146:6) 그의 위로는 영원한 위로입니다.(살후 2:16) 야훼는 영원부터 영원까지 당신의 인자하심을(시 103:17) 영원하신 말씀으로 증거해 주셨습니다.(시 119:89, 벧전 1:25) 이 영원한 생명과 영원한 장수의 축복을(요 3:16, 시 21:4) 영원히 감사하며 (시 30:12) 영원히 찬송코자 하는 것이(시 45:17) 내가 믿는 영원한 복음입니다.(계 14:6) 이 영원한 복음을 순종하지 않을 때엔 영원한 형벌뿐이니, 귀 있는 사람은 오십시오.(살후 1:8) 주 예수 앞으로.

완전 불구자들

새롭고 산 길은 완전한 죄인만이 들어가는 길입니다.(딤전 1:15) 완전한 불구자들만이 들어가는 길이 새 길입니다.(삼하 9:13) 이는 행위에 있어서는 완전히 낙제한 자들이, 다만 주님의 십자가의 공로만을 절대 의지하고 담대히 들어가는 길입니다. 그러므로 이 길을 시온의 대로라 합니다. 조금이라도 행위를 자랑하는 자(눅 18:12) 또는 약간이라도 그러한 마음이 있는 자와는 아무 상관이 없는 것이 새 길입니다.(마 7:23) 이것은 절대적인 은혜의 길이기 때문에, 많은 사람이 생각하는 길과는 다른 길입니다.(사 55:8)

이 생명의 문, 생명의 길은 누구든지 들어갈 수 있는 믿음의 길이지만,(요 3:16, 요일 4:9) 그것은 하나님의 길이요 사람의 길이 아닙니다. 그렇기에 자기 자랑이 티끌만이라도 있는 사람은 들어갈 수 없는 좁은 문이 되고 맙니다.(마 7:13, 14, 사 64:6)

복음은 어디까지나 행위의 길이 아닌 믿음의 길이기 때문에(갈 2:21) 자기 자랑이 있을 수 없습니다.(롬 4:2) 자기 자랑을 예수 자랑과 혼돈하고 착각하는 것이 인간의 열심이며, 인간의 의義입니다.(롬 10:2) 복음은 하나님의 아가페의 보좌요, 은혜의 성령입니다.

우리는 사실상 일생동안 그 은혜를 다시 도로 갚을 힘이 전혀 없는 완전한 불구자임에도 불구하고(누 14:14) 자기의 행위를 자랑하는 가짜 불구자가 오늘날 얼마나 많습니까?(갈 5:4) 즉 아가페의 사랑이 필요 없는 사람은 가짜 불구자입니다. 완전 불구자들이여, 시온의 대로는 아무도 막지 못하는 새 길이니, 불구자임을 부끄러워하지 마십시오.

절대 불가능

사람이 주를 이길 수 없고,(대하 14:11) 땅이 하늘을 이길 수 없고,(사 55:9) 진흙이 토기장이를 이길 수 없고,(사 45:9) 어두움이 빛을 이길 수 없습니다.(요 1:5) 저주가 찬송을 이길 수 없고,(대하 20:22) 불의가 의를 이길 수 없고,(렘 23:6) 심판이 긍휼을 이길 수 없고,(약 2:13) 더러움이 거룩함을 이기지 못합니다.(히 10:10, 29) 세상 죄가 어린 양을 이길 수 없고,(요 8:46) 진노가 피를 이길 수 없고,(출 12:13) 죄가 무죄를 이길 수 없고,(요 8:46) 실패가 성공을 이길 수 없습니다.(요 19:30) 옛 것이 새 것을 이길 수 없고,(히 8:13, 고후 5:17) 밟히는 것이 밟는 자를 이길 수 없고,(미 7:19) 구름이 하늘을 이길 수 없고,(사 44:22) 병자가 의원을 이길 수 없습니다.(마 9:12)

사망이 부활을 이길 수 없고,(요 11:25) 음부가 천국을 이길 수 없고,(히 12:23, 마 16:18) 그림자가 본체를 이길 수 없고,(히 1:3, 10:1) 중매인이 신랑을 이기지 못합니다.(고후 11:4) 조직이 생명을 이길 수 없고,(롬 2:8, 요 14:6) 방언이 말씀을 이길 수 없고,(고전 14:19) 시내산이 시온산을 이길 수 없고,(히 12:22) 행위가 은혜를 이길 수 없습니다.(롬 6:14) 두려움이 사랑을 이길 수 없고,(요일 4:18) 율법이 언약을 이길 수 없고,(갈 3:17) 홍수가 방주를 이길 수 없고,(아 8:7) 거짓이 진실을 이길 수 없습니다.(요 8:44, 시 146:6) 참소가 판결을 이길 수 없고,(계 12:10, 롬 4:8) 창세 후가 창세 전을 이길 수 없고,(엡 1:11) 과거가 현재를 이기지 못합니다.(겔 18:22-24, 히 13:8, 7:25) 그러므로 그리스도 안에 있는 하나님의 축복은 천상천하의 아무도 돌이킬 수 없는 절대적 축복이요, 하나님의 고집인 것입니다.(민 23:20, 빌 2:10, 사 43:13) 그리스도 복음의 권능 만세.(롬 1:16)

냉장고

은혜는 변하기가 쉽습니다. 이는 마치 생명체가 부패하기가 쉬운 것과 같습니다. 살아있는 것은 관리를 잘못하면 상하는 것처럼 값진 진리일수록 그 유지가 결코 쉽지 않습니다. 우리가 은혜, 은혜 하는 하나님의 은혜는 거저 주시는 것입니다. 거저 받는다는 것은 내가 그 대가를 치를 능력이 없다는 뜻이므로, 은혜로 받았다 함은 내 자신이 사실상 거지라는 고백인 것입니다.(눅 14:14)

그런데 거지라는 이 고백은 인격자에게 얼마나 치명적인 수치입니까. 이래서 우리는 은혜로 구원을 받은 후 그 은혜를 갚는다는 미명하에 거지 아닌 동격자로 하나님과 대항하려 합니다. 그래서 무엇인가 자랑해 보고 싶은 죄악의 속성이 꿈틀거립니다.(창 11:4) 여기에서 오직 십자가의 도인 그리스도의 진리는 은혜 위의 은혜로 믿음에서 믿음으로 연속되는 비밀이 있음을 알게 됩니다.(요 1:16, 롬 1:17) 이와 같은 강한 은혜를 사탄은 약화, 변질시키려고 우는 사자처럼 최후 발악하

니, 이것이 곧 다른 복음, 다른 예수인 것입니다.(딤후 2:1, 벧전 5:8, 고후 11:4)

은혜에서 은혜로 일관되는 은혜의 복음을 간직하는 길은 (행 20:24) 자기를 완전한 무능이라는 절망 속에 가두는 길밖에 없습니다.(롬 7:24) 즉, 무능한 자에게만 은혜가 절대화되는 것이니, 이는 마치 부패하기 쉬운 음식물을 냉장고에 보관하는 것과 같습니다. 다시 말해 일체의 자기라는 감정이 나타나지 않도록 절대 은혜 속에 인간의 의를 꽁꽁 얼게 하는 것입니다.(사 64:6, 롬 11:6)

우리가 그리스도를 자랑한다는 것은 바로 이 은혜를 자랑함이니 그 은혜가 절대적이라면 내 자랑이 조금도 있을 수 없습니다.(빌 3:3, 고전 1:29) 만일 우리 신앙생활에 형식은 있으나 생생한 맛을 못 느낀다면 이는 벌써 은혜가 변질된 것이니, 속히 십자가의 냉장고 속에 들어가야 합니다.

악인은 누구인가

사람은 누구나 악인이란 말을 들으면 기분이 나쁠 것입니다. 그러나 그 악인이 누구냐입니다. 성경은 의인은 한 사람도 없고 모두가 악인이라고 말씀합니다. 악인은 하나님이 없다는 자들입니다.(시 10:4, 14:1) 그뿐 아니라 하나님을 믿는다 하면서도 현재 평강이 없는 자도 역시 악인입니다.(약 2:19, 사 57:21)

그렇다면 왜 악인에게 평강이 없습니까? 첫째로 그의 이름이 썩었기 때문입니다.(잠 10:7) 이는 하나님께서 인정하지 않는 자라는 뜻입니다. 그와는 반대로 하나님의 자녀는 그 이름이 하늘에 기록된 자입니다. 더욱이 제사장 신분은 그 이름이 족보에 있기에 예수 피로 된 복음 제사장은 그 위치가 요지부동인, 세상을 이기는 왕입니다. 둘째로 악인은 그 팔이 부러지기 때문입니다.(시 37:17) 그가 아무리 잘난 체 해도 하나님의 붙드심이 아닌 인간의 힘뿐이기에 결국은 모래 위에 지은 집이요 안개 같은 허황된 인생입니다. 그에게 어찌 평강이 있겠습니까. 세 번째로 그는 꺼진 불이기에 평강이 없는 것입니다.(잠 24:20) 그는 사망 골짜기의 나그네 인생인데도 그 사망을 이기지 못해 마귀의 종 된 자입니다. 그는 눈 뜬 소경처럼 모든 사물에 대한 정확한 관찰력이 없으니 이는 보이는 것 외에는 모르기 때문입니다.(고후 4:18) 그가 비록 장수한다 해도 영원한 장수는 아닌 고로 인생의 밤에는 꼼짝 못하는 불구자입니다.(욥 35:10) 이처럼 영의 등불이 꺼진 영적 소경은 그가 아무리 세상 지식이 많아도 가난한 자의 사정을 모르니 오만한 신세를 면치 못합니다.(시 1:1)

실로 이같이 평강 문제가 인생의 전부이기에 바로 그리스도의 평안이 복음이요, 그 평강은 오직 진리 이외 것은 당장 전부 버릴 수 있는 곳에만 있습니다. 그래서 하나님은 오직 자기 백성 된 자에게만 이 축복을 주십니다. 전도를 자랑하는 악인이 있고 평강을 감사하는 의인이 있습니다. 평강이 빠진 복음은 곧 다른 복음임이 자명합니다.(고후 11:4, 롬 1:16)

악인은 누구인가 《호1.4》 98. 10. 10 —막1.5—

사람은 악인이란 말만 들어도 기분 나쁜나빤것인데 곧 악인이 누구냐 가문제다. 즉 소위 적과 자가악인 이가 항

눈문제는 보통문제가아니다. 왜냐하면 서서선은 악인은 악한 사람도 없고 모두가 악인으로 귀정된다

옛 가문이다《롬3》. 악인은 하나 섬이 없다는 자를 말한다《시14:1》 곧 무신자 하나섬 만든다 하면서도 현재

현장이 없는자도 악인이다《시표2:19》. 그러나 면 예서악인 에게 평강이 없으가 가문제다. 첫째로 그의

일을 어서 어개문이다《잠》. 하나섬이 정직진실 하는자는 뜻다《시》 곧 하느반 대로 하나섬 잡는는 구이름

아 하늘에 길로 됫자요《눅》. 다음 제사자 신분은 구모의 족보에 얻어서 제수포로 된 북음 음제장은

《스2》. 그 위치가 요시 불의의 의선 을 안다 않았다《제품6:8》 둘째로 악신은 그관이 부러지기때문이다

《시》. 그 하 부러진 낸해 도 하나섬의 부 도심 이인 인간 이확끊신 고로 결국으로 패래되나

지으진 일요《시편10》. 인 개같은 의화된 그 인생에게 어찌 평가이 있으라《잡전4》. 세번 제로 그 으까진

둘운 의기편강의 없느자다《잠3》. 곧 사망굴짜기나 네 인생의 태도 변전는데 그 사망이 안들러서

만이좋종 됫자 이메《계시》. 눈들 소결처럼 모든 산물을 대대긴 정당한 관철격이 있으므로 누는 복이

누 이외는 몸들 기댐 이다《시》. 그 기비 록 장수 한다해도 영전 한 장수 는 이고 로 자 사 반세인 생의

박에는 꼼짝 못하는 꼴두 자다《빠5》. 이 처럼 양의 들 부러 거진 영적 소경은 국가 아무리 세상 지식

이 덕이 어도 가 나한자의 사정을 모른《시편순》. 오 만 한 신세 로 편전 못 한다《시》. 실로 인생 평강 문제 강은

외전부 이기에 바로 크리스도의 평안이 복음이요《골1:15》. 그래 강은 오직 진리 하나 이 것은 당장 전부

버린 수 는 것 데이 연다《빌1:30》 그래서 하나섬 으로 직기뻡성 됫자 에게만 어득 북음 즉신다《시고1:18》

진로찾아 온 사고 평강살이 살았나 《만라라 후 배게 》 평 앗 긴 놀 북 이 곧 답을 부음으로 어 자평 하다 다《글후 김전용

호흡

내가 지금 호흡을 하고 있다는 이 사실은 생각하면 얼마나 큰 기적입니까. 믿음의 세계는 보통 사람들이 평범하게 보는 일 속에서도 큰 뜻을 발견하여 행복을 누리는 세계입니다. 구약의 시인은 호흡 속에서 하나님의 진리를 발견하는 사람을 복 있는 사람이라 했습니다.(시 150:6, 1:1) 신약에서는 이 사실이 예수 때문에 가능하게 됐다고 증언했으니,(히 13:15) 그 이유는 하나님과 사람 사이에 그리스도께서 화목제물이 되신 후 하나님의 마음이 변하셨기 때문입니다.(롬 3:25, 호 11:8) 이제 하나님은 은혜의 보좌에서 사랑의 아버지로 대해 주시므로 누구든지 절망에서 일어날 수 있게 되었습니다.

사탄은 호흡 하나가 뭐냐고 비웃겠지만, 옛날에 삼손을 쓰신 하나님은 머리카락 속에 그 능력을 간직하셨었고,(삿 16:17) 예수께서도 천국은 겨자씨 한 알 같다고 하셨습니다.(마 13:31) 인간이 보잘 것 없이 여기는 이 호흡 속에 하나님의 무한한 가능성이 있음을 믿는 것이 복된 참 믿음입니다.

우리에게 이러한 믿음이 있다면 이 호흡 속에서 다른 사람의 천년의 생명과 동일하게 가치를 평가하신다는 하나님 말씀이 사실로 믿어질 것입니다.(시 90:4)

아! 호흡의 신비함이여, 내가 숨을 쉬고 있는 듯 보이나 사실인즉 나로 하여금 숨을 쉬게 하는 분이 계셔서 내가 호흡하게 되는 것입니다. 오늘의 호흡은 오늘 뿐이요 내일의 호흡은 그 분이 내일 또 준비하신다는 말씀에 눈이 뜨이게 됩니다.(마 6:34, 약 4:14)

인간의 고뇌는 대부분 이 사실을 망각하고 내가 오늘을 살면서도 내일, 내달, 내년 치를 모두 한꺼번에 숨 쉬려는 착각에서 오는 불신과 교만 때문이 아니겠습니까? 그러므로 그곳에는 평강이 없으며, 감사도 있을 리 없고 다만 움직이는 기계인 인간일 뿐 보람찬 인생이 될 수 없는 것입니다.(롬 3:17, 사 57:21)

신앙이란 현재의 일입니다. 이 호흡 속에 감사가 있느냐 없느냐 그것으로 그의 삶이 판가름됩니다. 그리스도는 사망 즉 탐심에서의 해방자시니,(히 2:15, 골 3:5) 여기에 만 인생의 승리가 있습니다.(요일 5:4) 하나님께는 감사, 사람에게는 기도, 이것이 내 호흡의 전부입니다.(살전 5:18)

오염된 감사

마땅히 감사해야 할 것을 감사하지 못 하는 자를 가리켜 멸망하는 짐승이라 합니다.(시 49:20) 그렇기에 소위 감사하며 산다는 우리의 신앙에도 문제가 없는지 살펴봐야 합니다. 왜냐하면 우리가 감사하는 그 내용을 엄밀히 따져 보면 모두 비교에서 오는 우월감 아니면 어떤 구체성에 대한 보이는 감사이기 때문입니다.(눅 18:11, 고후 4:18) 예수 안에서의 감사는 그런 것이 아니니,(히 13:15, 시 150:6) 이는 실로 오염된 공기가 생명을 위협하는 격입니다. 그리스도인의 감사가 오염될 때 그의 신앙은 위기에 봉착해 있는 것입니다.

그리스도를 통한 하나님의 은혜는 어디까지나 일방적이고 절대적인 은총입니다. 우리의 복음 신앙이란 이 복된 사실을 믿고 의지하고 신뢰하는 것이 신앙의 전부입니다.(욥 1:21, 사 20:15) 그런 까닭에 어떤 사실에 대한 결과만 감사하거나 또는 타인과의 비교에서 오는 감사란 결코 순수한 감사가 되지 못합니다. 이것은 변질되고 오염된 것으로 알고 엄히 경계해야 할 것입니다.

가령 돈을 쓰는데 은행에서 내 양심만 믿고 대출해 주는 신용 대출과 나의 재산을 저당하는 담보 대출과는 그 내용에 있어 나의 인격 평가에 큰 차이가 있습니다. 마찬가지로 우리들이 하나님의 사랑에 감사한다는 그 감사도 조건부냐 무조건이냐에 따라서 하나님께 돌리는 영광의 차이가 이만 저만이 아니게 됩니다.(고후 4:15) 이처럼 감사를 먼저 하느냐(무조건), 나중에 하느냐(조건부)에 따라서 복음이냐 율법이냐의 차이가 생기고 그리스도와 모세의 격차가 있게 되는 것입니다.(눅 16:16, 요 1:17)

아브라함이 이삭을 바친 사건,(히 11:19) 엘리야 선지자가 사르밧 과부에게 떡을 먼저 요구한 사건,(왕상 17:13) 여호사밧 왕이 전투도 하기 전에 하나님께 감사의 찬송부터 했던 사건(대하 20:22) 등은 바울 사도가 빌립보 교우들에게 권면한 복음적 순수 감사가 나타난 일입니다. 이들은 우리로 하여금 진리의 공적 재물은 다만 감사의 찬송뿐임을 다시 확인하게 해 줍니다.(시 50:23, 히 10:35) 아, 뻔뻔스럽게도 오염된 감사, 변질된 제사를 드렸던 이 죄인을 다시 회개시키는 이 큰 은혜여! 아, 참으로 큰 은혜입니다.(사 1:11)

실력 대결

　신앙생활은 실력 대결입니다. 사탄과의 대결인 것입니다.(눅 22:31, 마 10:16, 벧전 5:8) 그리고 진 자는 이긴 자의 종이 될 수밖에 없습니다.(벧후 2:19) 인간은 아무도 흑암의 세력인 공중의 권세 잡은 자 마귀를 이길 수 없어서,(엡 2:2) 내 자신의 힘으로는 백전백패입니다. 그러나 우리 편에 하나님이 개입하실 때는 반대로 백전백승이 되니 이것이 바로 믿음의 승리입니다.(시 118:6, 요일 5:4) 이가 곧 바울이 말한바 하나님의 약한 것이 사람보다 강하고 하나님의 어리석음이 사람보다 지혜로운 진리인 것입니다.(고전 1:25) 이는 그리스도가 하나님의 능력이며 하나님의 지혜이기 때문입니다.(마 16:26, 사 49:5, 고전 1:24)

　실로 그리스도는 성전보다 크신 자요(마 12:6), 안식일의 주인이시요(마 12:8), 사망보다 강한 자요, 음부보다 더 큰 권세자입니다.(고전 15:57, 딤후 1:10, 마 16:18) 그리스도인이 세상의 빛과 소금이 될 수 있는 것은 이처럼 강력한 진리의 실력자가 함께 하는 까닭입니다.(마 5:13, 14, 28:20, 고후 13:5) 만군의 여호와께서 나의 목자로 내 편에 서실 때 내게는 아무런 부족함이 없습니다. 그 감사가 두려움을 물리쳐서 풍랑도 오히려 천국 가는 협력자의 역할을 하게 되는 것입니다.(시 23:1, 118:6, 롬 8:28)

우리는 눈에서 불신의 비늘이 떨어져,(행 9:18) 나를 보위하는 진리의 세력이 강해서,(왕하 6:16) 과연 우리 편이 많고 우리 편이 큰 것이 실감될 때 연약한 무릎을 다시 일으켜 세워 전진하게 됩니다.(대하 32:7, 히 12:12, 잠 24:16) 나의 싸움이 진리의 싸움이자 곧 하나님의 싸움임을 알게 될 때 우리 편의 실력이 제대로 인식됩니다. 그리하여 강하고 담대한 여호수아의 진군과 여호사밧의 승리가 내 것으로 되는 것입니다.(수 1:5, 대하 20:15) 문제는 비늘입니다.

그리스도인의 완전

그리스도인의 완전이란 신앙의 결실을 말합니다. 이는 하나님이 기뻐하시는 이상적인 상태인 동시에 본인으로는 후회 없이 전력을 발휘하는 상태를 뜻합니다.(히 6:2-7) 이는 주어진 자리에서 마음과 뜻과 정성을 다하는 것이니 이것이 그리스도인의 완전입니다. 그러므로 이를 하지 못 하는 자는 사실상 어린아이로, 신앙의 초보자입니다.(히 5:13, 6:1) 문제는 이 전력투구입니다.

사람은 누구나 자기가 지닌 능력을 발휘하지 못 할 때 불평과 불만이 있어, 후회하는 인생을 살게 됩니다. 이는 현실의 인생이란 항상 본의 아닌 시험과 질병 또는 유혹과 고난이 따르기 때문입니다.(욥 5:7, 마 26:41) 그런데 이와 같은 불가능한 상태를 가능하게 하는 힘이 바로 신앙입니다.(막 9:23)

신앙인은 두 가지 특색을 지닌 사람입니다. 하나는 현실을 직시하는 것이요 또 하나는 내세에 대한 완전한 준비입니다. 그러므로 그는 내일이란 꿈에 속지 않고, 내일은 내일이 와야 있음인즉 다만 오늘 주어진 현실의 삶에 충실합니다.(마 6:34, 약 4:14) 그렇기에 언제나 오늘을 마지막 임종의 날로 깨어 살아갑니다. 동시에 그리스도의 십자가로 허락된 은혜의 구원을 믿는 영생의 신앙으로 언제든지 천국 갈 준비가 되어있는 삶을 살아갑니다.(요 6:47, 사 49:5)

이처럼 그에게는 세상을 미련 없이 뜰 수 있는 등불이 예비되어 있습니다.(마 25:4) 동시에 주어진 시간 시간을 마지막으로 여겨, 매사를 임종을 준비하듯 자기의 모든 힘을 기울이게 됩니다. 이는 마치 유언이나 유필, 유품에는 그 성격상 나태나 회피, 핑계나 지체할 하등의 이유나 구실이 없는 것과 같습니다.

내일을 기대하지 않는 그의 마음은 근심과 욕심 등의 잡념, 잡심이 아닌 오로지 집중된 전심뿐입니다. 그 전력투구는 당연히 열매를 맺게 됩니다. 이는 실로 하나님도 그 이상 요구하지 않으시는, 최선의 상태입니다. 곧, 양심상의 안심과 만족과 희열의 상태입니다. 이것이 바울 사도가 말한 산제사로, 믿음의 승리자라면 누구나 누리는 이 땅의 천국생활입니다.(롬 12:1, 살전 5:16-18) 믿음의 전력투구, 여기 신앙의 진선미가 있습니다.(계 21:6, 7)

생명의 위치

사탄은 인간에게 분주함과 열심만을 충동해서 그의 평강을 늘 상실케 하지만, 성령은 열심 대신 조화토록 해서 넘치는 평강을 주십니다.(시 75:21, 시 29:11, 사 48:18) 그래서 칼빈은 말하기를 "분별없는 열심은 게으름이나 무기력 못지않게 해롭다"고 했고 이사야도 "너희가 안녕히 거하여야 구원을 얻을 것이요, 잠잠하고 신뢰하여야 힘을 얻는다"고 말했습니다.(사 30:15)

그리스도의 십자가는 차별이 없는 하나님의 의를 모든 사람에게 미치게 함으로써 이 땅에 참 평화를 이루십니다.(고후 5:21, 눅 2:14) 의의 공효는 화평이요, 의의 결과는 영원한 평강과 안전이기 때문입니다.(사 32: 17, 롬 3:22) 그리스도께서 완성하신 하나님의 의는 실로 영원한 의요, 또 무진장無盡藏의 의인 까닭에 이와 같은 의에서만 인간들은 천국으로 연결될 수 있습니다.(마 5:20, 시 119:142, 71:15) 그래서 바울이 말한 천국 역시 성령 안에서의 의와 평강과 희락이었던 것입니다.(롬

14:17) 복음이란 이와 같은 하나님의 의의 나타나심을 말함이요, 또 오직 그곳에만 구원이 있기에 바울은 이 복음을 조금도 양보하지 않았습니다.(롬 1:16, 17, 갈 1:8)

이처럼 구원은 하나님의 의로 보장된 까닭에 절대적인 구원입니다. 동시에 그 의를 믿음으로 힘입는 자의 위치 역시 절대적인 위치가 되며, 이것이 바로 생명의 좁은 길입니다. 이 길은 천하에 오직 그 혼자서 가야 할 절대적인 길인 까닭에 타인에게는 지극히 미미한 것으로 밖에 안 보이게 되는 것입니다.(눅 16:10) 그러나 그리스도의 천국이란 원래 겨자씨 한 알 같은 것이기에 그에 대한 충성 역시 지극히 작은 것으로 훈련하십니다. 큰 일만 좋아하고 기이한 것에만 흥이 동하는 오만한 불신자에게는(시 131:1, 렘 45:5) 예수를 소개하는 교회(장대)는 보이나 그 장대 끝에 달리신 놋뱀 되신 그리스도 자체는 보이지 않습니다. 여기에서 생명을 떠난 큰 길, 큰 예수가 유행하게 되는 것입니다.(요 3:14, 민 21:9, 고후 11:4, 마 7:13, 14, 롬 12:1, 2)

하나님의 의인 절대의 의, 하나님의 구원인 절대 구원을 믿는 그 절대의 위치가 감사와 평강과 만족의 위치입니다. 그곳은 큰 산도 평지가 되고 버릴 것이 하나도 없는 곳, 즉 사망 없는 부활의 동산입니다.(슥 4:7, 딤전 4:4, 고전 12:21)

지독한 복음

    바울의 십자가의 도는 유대인에게도 헬라인에게도 환영 받지 못하는 그리스도의 복음이었습니다.(고전 1:23) 특히 유대인들은 바울이 증거하는 복음을 반대한 정도가 아니라 이를 염병이라고 했습니다. 그래서 바울은 살려 둘 놈이 못 되니 죽여야 한다고 40여 명이 암살대로 모일 정도였습니다.(행 22:22, 23:12) 바울은 여기에 맞서 항상 죽음을 각오하면서도 이 복음 진리를 조금도 양보하지 않았습니다. 그 뿐 아니라, 자기 것 아닌 다른 복음은 비록 천사가 와서 전하더라도 저주 받는다고 극언했습니다. 이는 사랑의 사도인 그에게 참으로 기이하게 느껴지는 면입니다.(고전 13장, 갈 1:8) 바울은 동족을 사랑했기 때문에 진리를 증거할 때 조금의 양보도 없이 전했던 것입니다. 그 태도가 바로 거짓이 없는 사랑이었습니다.(고후 13:8, 롬 12:9)

    그러면 바울이 전한 복음이 다른 전도자의 그것과 어떤 점이 달랐을까? 나는 거기에 대하여 두 가지 점을 들고 싶습니다. 첫째는 그 내용에 있어 하나님의 의와 사람의 의의 충돌입니다. 바로 복음의 의와 율법의 의의 차이였습니다.(롬 1:17, 사 64:6) 바울이 남달리 은혜와 평강, 그것도 그리스도의 평강을 강조한 것은 이것이 바로 하나님의 의에서 오는 필연적 귀결이기 때문입니다.(사 32:17) 이 절대 평강 없이는 아무리 열심을 다해도 양심상 해결이 없는 쓰라린 경험이 있어서였습니다.(롬 10:2, 사 57:21, 행 9:1, 딤전 1:19) 그 다음은 전도자의 위치의 차이입니다. 바울은 다른 사람과는 달리 전도자를 중매인으로 자처했습니다.(고후 11:2) 신자를 그리스도에게 중매하는 직책으로 결혼이 성사되면 중매자는 물러서며 신부는 신랑에게 시집을 가는 점을 강조한 것입니다.(고전 12:21)

이와 같은 바울의 복음이 전파될 때, 한쪽에서는 생명의 냄새로 환영을 받았으나 또 한쪽에서는 사망의 냄새로 반대가 일어났습니다.(고후 2:16) 태양이 내리쬘 때 양초는 녹고 진흙은 굳어지는 격입니다.(행 18:5) 이처럼 극심한 반대나 부작용이 없는 원만한 복음으로는 도저히 인간의 구원과 양심의 회복이 불가능하다는 것이 바울의 생명을 건 고집이었습니다. 이 점을 생각할 때 우리들이 바보인지 바울이 바보인지 똑똑히 판단해야 할 것입니다.(롬 12:2)

지금

　신앙은 현재의 일입니다. 그 중심의 초점은 어디까지나 현재이지 과거도 미래도 아닙니다. 그 이유는 하나님은 현재의 하나님이요 살아 계신 하나님이기 때문입니다.(고후 6:16) 은혜의 성령은 지금 역사중이기 때문입니다. 기독교의 극치는 바로 여기에 있습니다. 즉 "그리스도는 이제도 살아서 우리와 함께 계신다"는 이것입니다. 그리스도가 단지 역사적 인물이라면 기독교 윤리가 아무리 아름답고 그 교리가 아무리 깊더라도 그 모든 것은 헛되고 헛될 뿐입니다. 그리스도가 지금도 살아 계신 분이 아니라면 우리는 오늘 당장 기독교를 버려도 좋습니다. 기독교의 존재 여하는 오직 그리스도가 이제도 계시다는 한 가지 사실에 달려 있습니다.

　지금입니다. 지금 나와의 관계가 과연 어떠한가 하는 것입니다. 인간의 가치는 실로 과거의 가치가 아닙니다. 또 미래의 가치도 아닙니다. 다만 현재의 가치인 것입니다. 지금 나타나지 않는 과거의 자랑, 미래의 자랑은 모두 허황된 꿈일 뿐입니다. 지금 가진 평안, 지금 가진 기쁨 그것이 그 사람의 진정한 가치인 것입니다.

잘못된 인생인 하나님과 단절된 인생은 항상 불행에 울고 살아갑니다. 불안 속에서 원망과 불평 저주 속에서 삽니다. 이는 바람에 나는 겨처럼(시 1:4) 항상 안정 없이 흔들리고 있기 때문입니다. 그에게는 현재에 대한 자신의 해답이 나올 수 없습니다. 그래서 막연하게 그저 돈을 벌고, 출세하고, 오래살고, 즐기는 것을 구하는 탐욕의 종노릇만 합니다.(골3:5) 사마리아 여인처럼 하나님을 믿는다 하면서도 실제로는 목말라서 남편이 여섯이나 있게 되는 것입니다.(요 4:18) 우리의 구주 그리스도는 현재의 해결자입니다. 그래서 항상 기뻐하라 한 것입니다. 현재의 마음이 천국 못된 것은 바로 생수가 잘못된 것 입니다. 이것이 다른 예수입니다.

지　금　　(복음七~二三)　　—골로새書—　(三,十八)

73.
12.
18

신앙은 현재의것이다. 그중 삼층처럼은 어딘가지 나 현재이것과 도 미래도아닌것이다. 금이유 는 하나님은 현재의 하나님이 욕심에 제신 하나님이기 때문이다 (골후三?) 은혜의 성령은지 금역사중 이기때문이다 (히二,二十?) 기독교의 극치는 바로떠가에 있는것이다. 즉 「그리 스도는 이전에 살어서 우리와 함께 게시다 (기독교의 극치는 이것이다. 그리스도가 단지 역사적 인물이라면 「기독교의 윤리가 아무리 아름답고. 그리가 아무리 값어지 더라도 그모든 것이 없어지고 말되 . 기독교의 윤리가 아무리 아름더라도 그모든 단편이다 (송강피와). 그리스도가 이전도 오이려 계신분이 아니라면 우리는 오늘 당장 길옥 과 있자가 아니다. 또 미래의가치도 아니다. 다만 그리스도가 이제도게시다는 한가지사실에 나타나 있는것과의 자랑. 지금발동상되는 미래의자랑은 모두경멸된꿈이 아닐소냐

지금이 지금이와의 관계가 과연어떠가. 인간의가치는 실로 지금가진평가. 지금이 그것이 구산의 진정한가치인것이다. 잘못되인생인 하나밖과 단결된인생은 항상불행에 울곤나다. 불만속에서 원망과 불평 저주 속에서 산다. 인쇄바람에는 저러럼 항상 안결음이 흔들리고 있기때문이 다 (삼후 리사구드?) 그리는 현재에대한 자신의해답이 안나온다. 그래서 막면하게 그저 돈을 벌면야지. 출세해야지. 장수해야지. 많을래야지. 즐겨야지하던 탐욕의 종노릇 하였다 (골로새) 사망가라여 이처럼 하나님을 믿는다 하면서도 실지는 목말라저 남편 이었으나 있었다 (요일) 우리의 구주 그리스도는 현재의 해결자시다 (現) 그래서 하상 기쁨 이라했었다 (빌립보서) 현재의마음이 천국 못되것은 바로 생수 구장이와. 이가 다른예수니까 (히브리)

사람의 생각과 하나님의 생각

인간의 생각이란 항상 천박하여 보이는 것밖에 모르기 때문에 조급하기 마련입니다. 하나님의 생각은 이와는 대조적으로 항상 깊어서 영원한 절대성을 띠기 때문에 만사가 순수하고 질서 있게 나타납니다. 그래서 사물을 대하는 태도도 정반대로 다릅니다. 어느 교우의 말에 "신앙에 있어서 복음의 진리를 바르게 안다는 이상의 큰 축복이 없으니 아주 간단하게 쏙쏙 들어가도록 쉽게 만든 전도지가 있었으면 좋겠어요. 나처럼 긴 세월을 헛된 교회 생활로 지내면서 상처투성이로 이제야 가까스로 참 복음을 알았으니, 다른 사람들은 나처럼 어리석은 길을 걷지 않도록 말입니다"라는 하소연이 있었습니다. 나는 그 말을 들을 때 문득 이사야의 말이 생각났습니다. 그는 이와는 반대의 소명을 받았습니다.

즉 "너는 이 백성의 눈을 멀게 하고 귀를 둔하게 해서 진리를 깨닫지 못하게 하라"는 것이었으며,(사 6:8) "잠잠하고 신뢰하여야 힘을 얻기 때문에 헛된 재물을 다시 가져오지 못하게 하고 말씀도 봉함해서 안식일과 대회로 모여서 악을 행치 못하게 하라"(1:13, 30:15)는 것이었으니 말입니다. 바울도 인간의 지혜로는 하나님을 알 수 없기 때문에 하나님께서는 당신의 지혜인 계시를 통해서 인간에게 깨닫게 하셨으나, 사람 보기에는 이 계시(전도)가 어리석게 보이기 마련이라 했습니다.(고전 1:18) 이처럼 계시(하나님의 지혜)와 이성(인간의 지혜)의 싸움은 숙명적이기에 마르틴 루터 역시 이 이성(철학)이 무너지는 곳에 신앙이 싹튼다고 역설했던 것입니다.(고전 1:21, 마 11:28)

진정한 믿음이란 지혜로 해결되는 관념의 세계가 아니며 인간 자체가 깨어지고 죽은 후에 열리는 절대 세계의 생명입니다. 그런 까닭에 거듭나야만 하며,(요 3:6) 에스더처럼 "죽으면 죽으리라"(에 4:16)의 고비를 넘지 않고는 그 세계가 열릴 수 없습니다. 부활이란 죽은 후에 비로소 나타나는 법이기 때문입니다.(요 11:25, 히 9:27) 성경 이상 더 요약된 전도지가 따로 없고 순종 이상의 믿음이 없습니다. 하나님이 일하시는 것은 우리의 지혜가 아니라 심성인즉 위대한 믿음은 오직 인내뿐입니다.(히 12:1, 마 24:13) 인내의 결실이 의의 평강이기에 그래서 악인에게는 평강이 없기 마련입니다.(히 12:11, 사 57:21)

송사 불가능

나는 성서를 사랑합니다. 그러나 그리스도보다 더 사랑할 수는 없습니다. 왜냐하면 성서는 그리스도를 증거 하기 위해 있는 것이지 그리스도가 성서를 위해 있는 것이 아니기 때문입니다.(요 20:31) 내가 복음을 증거 하되 성서에 역점을 두는 이유는 누구든지 성서만 바로 믿으면 신앙생활을 제대로 할 수 있기 때문입니다. 교회를 의지하는 신앙 속에서는 말씀의 기갈을 면할 길이 없다는 확신이 있어서입니다.(암 8:11, 렘 6:10)

그런데 교회 신앙의 약점이 성서의 장식화에 있다면, 성서 신앙의 약점은 성서 숭배에 빠지는 점입니다. 즉, 성서에만 치중한 나머지 신구약 66권의 31,173절을 모두 신성불가침으로 절대시하여 율법과 복음의 분별을 못하고 성경과 그리스도를 혼동하는 폐단이 있을 수 있다는 것입니다.(눅 16:16) 이것은 요한사도가 지적한 점이요,(요 5:39) 또 주 예수 자신도 성서를 악용한 사탄의 시험을 받으셨습니다.(마 4:6)

이 점에 대하여 바울은 성령을 떠난 성경 문자 자체로는 사람을 죽이게 된다고 했습니다.(고후 3:6) 이 의문儀文의 율법을 그리스도의 몸으로 폐기한 까닭에 이제 그리스도의 영이 계신 곳에 참 자유가 있고, 그리스도인은 복음적 새 생활이 전개된다고 했습니다.(엡 2:15, 빌 1:27) 이처럼 그리스도인은 새롭고 산 길을 가는 사람이므로 그는 반드시 돌(계명)을 제거해야만 전진할 수 있습니다.(히 7:18, 10:19, 20, 사 62:10) 이 돌을 제거하지 않으면 도리어 계명에게 반격을 당합니다. 사탄은 반드시 성경 구절로써 송사(고소 협박)하는 까닭에,(계 22:18-19) 이제 그 사람은 그리스도가 아닌 성경 문자의 노예가 되는 것입니다. 그는 열심은 대단하나 평강을 모르는 기막힌 종의 신세로 타락하게 됩니다. 이것이 바로 하나님의 안식을 모르는 다른 복음의 정체입니다.(롬 10:3, 사 57:21, 시 95:11, 고후 11:4)

이와 같은 성경 마귀는 그 이상의 말씀으로만 물리칠 수 있습니다.(마 4:7) 즉 율법은 약속을 이길 수 없고,(갈 3:17) 약속은 맹세를 대항 못하는 법입니다.(히 6:16) 맹세의 말씀은 대법원 판결처럼 최후의 확정이므로 이제는 더 고소할 수 없습니다. 이 맹세의 복음 진리만이 절대적 구원의 권능이 되어 평안의 복음, 영원한 복음이 되는 것입니다.(히 7:28, 롬 1:16, 엡 6:15, 계 14:6)

환난의 해결

　요즘 직장 때문에 울고, 부모 때문에 눈물짓고, 자식 때문에 한숨지으며, 건강 때문에 탄식하며, 대학입시로 상심하는 분들이 있습니다. 이들에게 나로서는 아무 위로도 드릴 게 없습니다. 그러나 하나님 편에서까지 해결이 없는 것이 아니므로 한 말씀 드리고자 합니다. 이것은 저의 간증이기도 합니다.(시 119:92)

　신자의 환난은 하나님 밖에는 해결할 이가 없습니다. 하나님은 말씀으로 나타난 분이기에, 또한 말씀을 떠나서는 해결책이 없습니다.(시 107:20) 교회나 목사가, 또는 친구가, 아무리 위로하고 권면한다해도 그것은 어디까지나 일시적 위로에 그칠 뿐이요, 근본적으로는 해결할 수가 없습니다.(시 60:11) 그와 반대로, 말씀으로 해결된 이는 이제 고난을 부끄러워 않고 도리어 기뻐하니, 그것은 천지보다 강한 하나님의 말씀의 권능이 그의 마음을 굳세게 보증해 주기 때문입니다.(막 13:31)

먼저 환난은 결코 죗값이 아니라는 사실을 알아야 합니다.(사 43:25) 믿는 자의 죗값은 이미 주께서 배나 담당하셨기 때문입니다.(요 1:29, 사 40:2) 사탄은 이 죗값을 이중삼중으로 착취하는 악질이니, 우리는 이를 십자가의 보혈로 물리쳐야만 살아날 수 있습니다.(히 9:12) 또 고난은 하나님의 참 자녀에게만 주시는 특혜로 알아야 합니다. 사생자에게는 징계가 없는 법입니다.(히 12:8) 그러므로 환난을 일으키시는 이는 아버지이신 하나님이십니다.(사 45:7) 일으키신 분이 하나님이시므로, 그는 자녀의 환란에 끝까지 책임을 지심은 물론, 직접 동참하고 계심을 알아야 합니다.(사 63:9, 시 121:5, 6 마 28:20)

하나님이 동참 중이시요 결코 나 홀로 당함이 아닙니다. 또 환난이 나의 유익을 위한 것인 줄 알면,(시 119:71) 우리는 하나님이 요구하시는 유일한 것, 곧 하나님을 신뢰하는 믿음밖에 바칠 것이 없습니다.(시 50:15) 하나님이 정말 책임지셨으면, 그것으로 이미 다 해결된 것입니다. 양심적인 의사가 책임졌다면 환자는 벌써 나은 것으로 신뢰할 수 있습니다. 문제는 이 말씀을 믿느냐,(시 119:50) 거역하느냐(시 107:10) 둘 중 하나에 달려 있습니다.

믿음의 선한 싸움

그리스도인은 하나님의 특별한 소유입니다. 그는 독생자의 이름을 믿는 믿음 때문에 야훼 앞에 있는 생명책에 이미 이름이 기록된 자 입니다.(말 3:16, 17, 계 21:27, 눅 10:20) 이는 하나님의 후사요 그리스도의 후사 즉 상속자로 확실히 신분이 보장된 것입니다. 이것이 축복의 극치요 최고의 상을 받은 증거입니다. 그는 이 사실 때문에 이제는 받는 자에서 주는 자로 변화되었습니다.(롬 8:17, 창 15:1, 민 23:20, 행 20:35) 이와 같이 은혜로 상속받은 사람은 어둠에서 벗어나 빛의 자녀가 됩니다. 그러므로 사탄에게는 그보다 더 미운 자가 없기에, 그를 공격의 과녁판으로 밀 까부르듯 하며 죽이려 듭니다.(마 21:38, 욥 16:12, 눅 22:31)

그러나 주께서는 그를 눈동자처럼 지켜 주십니다. 시험 당할 때에 피할 길이 있고, 감당할 수 없는 시험이 없게 하시니 그는 세상을 이기는 사람이 되는 것입니다.(슥 2:8, 시 121:5, 마 28:20, 고전 10:13, 요일 5:4)

왜 이같이 세상이 이겨야할 대상인가? 그것은 이 세상이 하나님을 거스르는 원수의 존재이기 때문입니다.(요 4:4, 요 16:33) 천국 시민에게는 양에 대한 이리, 삼킬 자를 찾아 우는 사자, 곡식 아닌 가라지를 뿌리는 원수가 있는 곳이기 때문입니다.(마 10:16, 벧전 5:8, 마 13:25)

싸움에 승리하려면 우리 힘으로는 될 수 없습니다. 그리스도 자신의 기도가 항상 뒤따라야 합니다. 출애굽 때 아말렉과 싸우는 여호수아를 위한 모세의 기도와 같이 여기에 바로 신자가 이기는 비밀이 있습니다.(롬 8:26, 34, 출 17:11, 약 5:16) 이와 같이 믿음의 싸움은 하나님 자신의 싸움이므로 바울의 말처럼 우리를 사랑하시는 이로 말미암아 넉넉히 이기게 됩니다. 그리하여 그리스도인은 원수를 대적하는 대신 축복, 용서할 수 있는 높은 차원의 윤리가 나올 수 있습니다.(롬 12:20, 왕하 6:16, 대하 32:7) 이것이 기독교가 종교 이상의 진리가 될 수 있는 바탕입니다.(마 5:44, 행 4:12)

이처럼 원수를 용서하는 것이 사실상 악을 이기는 길이며 악으로써 악을 대함은 벌써 그 악에 지는 것입니다.(롬 12:21) 진 자는 이긴 자의 종이 될 운명이니 그리스도인이 진리를 위해 충성함은 생명의 면류관을 얻기 위해서가 아니라, 이미 얻었기 때문입니다. 이가 복음의 비밀이요 은혜의 진리입니다.(요 1:17, 엡 6:19, 계 2:10)

외상신앙과 현금신앙

하나님은 현재 살아계신 분입니다. 그러므로 하나님을 믿
는다는 것은 나와의 관계가 절대적이란 뜻입니다. 바울은 신
자를 살아계신 하나님의 성전이라고 말했습니다.(고후 6:16)
그래서 항상 기뻐하고 쉬지 말고 기도하며 범사에 감사하는
것이 그리스도 예수 안에서 하나님의 뜻이라고 했던 것입니
다.(살전 5:16-18)

그렇다면 우리들의 실생활은 과연 어떻습니까? 다른 사람
은 고사하고 나 자신조차 그렇게 되었다고 장담하지 못함을
어쩌겠습니까? 그래서 내게는 하나님을 믿는다는 말보다는
그를 의지한다는 말이 실감이 됩니다. 이는 마치 전기불이 발
전소에서 전류를 보내주기 때문에 꺼지지 않는 것처럼, 믿는
다는 것은 주님의 기도와 연결되어야만 성립되는 것입니다.(히
7:24-25, 롬 8:34) 따라서 지금 주님의 기도가 필요 없다면 나
는 하나님이 필요없는 자이며, 나의 믿음은 허공에 뜬 신기루
처럼 공상이나 상상이 아니겠습니까?

문제는 주님의 도움의 기도가 절대적으로 필요한자가 누구냐입니다. 그는 다름 아닌 주님의 피를 떠나서는 존재할 수 없는 자요, 그것 외에는 아무 자랑도 없는 자일 것입니다.(고전 2:2) 그는 주님의 부활이 나를 하나님 앞에 의로운 자로 세우시는 절대적 보증의 부활이요, 그 증거가 되는 의의 피가 믿어지는 자입니다. 이처럼 그는 그리스도의 십자가의 속죄뿐 아니라 그 이상 의의 보증까지 믿습니다. 그 결과 이제는 자신이 하나님 앞에 의인으로 인정된 존귀한 상속자임을 믿고, 담대하게 비 진리와 싸우는 보혈 제사장이 됩니다. 그가 주님의 기도 때문에 꺼지지 않고 켜있는 영원한 등불이 된 표시가 감사의 미소입니다. 이가 현금신앙 즉 살아있는 성전입니다.(잠 20:27)

외상신앙과 현금신앙 (복음서 1~4)   93.5.1   —잠근:5—

하나님은 현재살아계신분이다. 그런고로 그하나님을 믿는다는것은 나와의관계가 절대적

이란 뜻이다. 바울은 신자를 살아계신 하나님의성전 이라고 말했다 (고후6:16) 그래서 항

상기뻐하고 쉬지말고기도하며 범사에감사하는것이 그리스도예수안에서 하나님의 뜻이라

고했드렀있다 (살전5:16) 그렇다면 우리들의 실생활은 과연어떠한가? 달을수없

은 고사하고 나자신이 그와같이 되여있다고 장담못함을 어쩔고?   그래서

내겐는 하나님을 믿는다는 말본다는 그를 의지한다는말이 실감이 가는것이

다. 이는마치 전기불이 발전소에서 전류를 보내주기때문에 안꺼지고 켜있는것처

럼 내겐는 믿는다는것이 주님의기도와 연결시켜서 성래되는것이요 (요15:5절)

따라서 만인 지극의주님의 기도가 필요없다면 나는 하나님이 필요없는자로서 나와의

것음이란 허구에뜬 신기루처럼 공상이나 상상이 아니겠는가?   문전는 주님의

동유의기도가 절대필요학자가 누구냐가문젠다. 그는 달음아닌 주님의 되를

떠나서는 존재할수없는자로 그것이외 아무자랑도없는자원겄이다 (고전들) 더구나

주님의 부활이 보통말하는 부활이아니라 나들이하나님앞에 늘로윤자로세우신

절대적 부종의 부활이요 그종거되는 의의피가민(잔)란전다 (롬4:25절) 이처럼 그리스도

의곽자가의속죄뿐아니라 그이상의 의의보증까지된결과로서 이젠는 자신이 하나님

앞에 의인으로 인정된 존귀한 상속자임의 믿어져서 담대하게 비지리와 단독으로

싸우는 보혈제상앙이돼겄다 (사41:25등몸8:28~39?) 그가 주님의기도때문에 안꺼지고 켜있는

영인한 등불이란 표사가 감사의 미소니. 이가 현금신앙 주살어있는 성전이라다 (잠4:27)

주는 사람이 강하다

넘치는 사람은 주고 목마른 사람은 빼앗습니다. 이것은 숨길 수 없는 물리적 법칙이요, 우리의 생활 현실입니다. 주는 사람이 모인 곳이 천국, 빼앗는 사람이 모인 곳이 지옥이라면 이 죄된 인생의 방향 전환이 바로 회개요, 그 힘이 복음의 권능입니다.(막 1:15) 일반 종교와 기독교 진리의 차이가 바로 여기 있습니다. 종교 이상의 진리만이 천국 시민을 만들고 현재를 변화시킬 수 있습니다.

보통종교는 모두가 특정 장소와 시간, 인물을 통한 하나의 집단행사에 그칠 뿐입니다. 그 이상의 실제 생활까지 침투하지 못함이 그 허점이요, 약점입니다. 기독교는 바울의 말대로 일마다 때마다 평강을 누리게 하며, 실로 일하기 싫어하는 자는 진리를 떠난 자로 보는 것입니다.(살후 3:10, 16)

종교는 인간의 제일 깊은 마음까지 역사하지 못하지만 진리는 마음 전부를 변화시키기 때문에 진리와 현재는 직결됨을 알 수 있습니다. 생명이란 항상 현재의 일이기 때문입니다.

그러므로 그리스도는 현재의 주인공이시며 또 인생의 길입니다.(히 7:25, 13:8) 그 사랑의 지배하에 있는 자의 생활은 반드시 새로운 뜻을 지니게 마련이므로 새 인생이라 한 것입니다.(고후 5:17) 목마른 죄인이 그리스도의 것이 될 때, 그 넘치는 은혜 때문에 지금까지 받던 사람이 주는 사람으로 변합니다.(행 20:35) 루터의 말대로 이웃을 위한 작은 그리스도가 되는 것입니다. 동정의 눈물을 주고, 수고의 땀을 주고, 깊은 사상을 주고, 새로운 생각을 주고, 물질이나 시간이나 무엇인가를 주고 싶어합니다. 이는 실로 베푸는 것이 하나님께서 최고로 기뻐하시는 진리임을 알게 되었기 때문입니다.(롬 13:9)

인간은 무엇이든지 뜻 없이 빼앗기면 서운해 하지만, 자진해서 주는 데는 보람을 느끼는 법입니다. 진리의 하나님은 피를 흘리는 희생이나 땀 흘리는 수고나 모두가 같은 방향, 즉 자기가 아닌 남을 위한 사랑을 똑같은 거룩한 수고로, 즉 순교로 인정하십니다. 그 분은 다만 중심을 보시기 때문입니다. 실로 주는 일은 아무리 작아도 거룩이요, 순교입니다. 믿음으로 새 힘이 솟아나 오늘도 겨자씨 전진을 계속하는 바입니다.(계 14:13)

은혜의 비밀

그리스도의 하나님은 은혜의 하나님이시기에 그 복음을 은혜의 복음이라 합니다. 율법의 하나님이 이제 은혜의 하나님으로 변한 사실을 몸소 보여주시기 위해 나타난 분이 예수 그리스도이십니다. 따라서 그리스도의 은혜를 믿으면 반드시 부요한 자, 즉 생수를 마시는 축복을 누린다는 사실이 복음입니다. 이와 같은 은혜의 진리는 모세의 율법과 달라서 십자가로부터 나오는 은혜로 영원토록 주어진 살아있는 은혜입니다. 사랑의 하나님께서 죄인을 구원하기 위한 마지막 방법으로 무제한적인 은혜의 홍수를 주신 것입니다. 죄 된 인간, 즉 제한 속에 사는 인생들은 이와 같은 무제한의 은혜를 깨달을 수 없는 까닭에 이것은 오직 은혜의 성령으로만 체득할 수 있는 복음의 비밀이 됩니다.(엡 6:19, 고후 4:4, 히10:29)

그래서 바울은 말하기를 은혜를 헛되이 받지 말고 은혜 속에서 강하라 했고, 히브리서 기자는 이 은혜에 이르지 못할까 두려워하라고 했습니다. 그 이유는 하나님의 보좌가 은혜의 보좌인데도 은혜 아닌 행위를 가지고 나가는 자들이 옛날도 지금도 허다해서입니다.(히 4:16, 롬 11:6, 마 7:23) 실로 은혜냐 행위냐의 문제는 신앙의 분수령이요 복음이 결정되는 곳입니다. 또 은혜가 은혜 되려면 그 은혜가 제한 없는 무궁한 은혜여야만 됩니다. 제한 없는 분은 오직 창조주 한분 뿐이시기에 거기서만 은혜가 풀리니 그래서 은혜의 하나님인 것입니다.(벧전 5:10)

그런데 인간들은 은혜를 받았으면 행위로 나타내야 한다며 행위로 바꾸어 은혜를 망치기 일쑤입니다. 이는 인간의 죄성을 모르는 교만에서 오는 비극입니다. 행위에 의해서는 하나님 앞에 설 자는 한 사람도 없습니다. 의인은 칠전팔기의 신앙적 의인이지 행위의 의인은 아닙니다.(잠 24:16) 그리스도의 은혜의 평강 즉 그의 안식에 사는 자는 세상 풍랑 속에서도 승리자가 됩니다. 그래서 복음입니다.

동질

나무가 돌을 따를 수 없고 진흙이 쇠를 본받을 수 없습니다. 질이 다르기 때문입니다. 그래서 에스겔이 말한 대로 사람은 새 영을 받고 새 마음이 되어야, 즉 굳은 마음이 부드러운 마음으로 될 때 비로소 하나님을 섬기게 되는 것입니다.(겔 36:26) 이는 바로 돌 같은 마음이 고기 같은 마음으로 질이 변했음을 뜻합니다.

이점에 대해 주께서는 니고데모에게 사람이 거듭나지 아니하면 하나님 나라를 볼 수 없고 물과 성령으로 나지 않으면 하나님 나라에 들어갈 수 없다고 하셨습니다. 바울 역시 누구나 그리스도의 영이 없으면 그리스도인이 아니고 누구든지 그리스도안에 있으면 그는 새로운 피조물로 옛사람이 아닌 새사람이라고 했습니다. 여기서 말하는 새로운 피조물이란 무슨 뜻이겠습니까? 나는 이게 바로 사망을 이긴 것을 뜻하는 것으로 믿습니다. 이는 여기에 기독교의 본질이 있어서입니다.(히2:14-15) 즉 인류의 원수가 사망이요, 그 사망이 쏘는 것이 죄며 죄의 권능이 율법입니다. 그리스도인은 이 사망을 그리스도 덕분에 이기게 된 승리자입니다. 따라서 그리스도 안에 있는 자는 결코 정죄함이 없으니 이는 그리스도 안에 있는 생명과 성령의 법이 죄와 사망의 법을 이겼기 때문입니다.(롬 8:1-2)

그렇기 때문에 그리스도인은 영생을 가진 새로운 피조물입니다. 이처럼 그는 그리스도의 영생의 동질자이기에 세상 환난에 견디며 풍랑 속에서도 안식의 복을 누리게 됩니다. 그리스도인은 하나님의 의를 믿음으로 가졌지만 현실은 아직도 혈육을 가졌기에 영생을 간직하기 위한 사탄과의 싸움을 면치 못합니다. (딤전 6:12, 계 3:11) 그래서 우리는 바울처럼 "내가 그리스도의 의를 가진 자나 온전히 이룬 것이 아니기에 푯대인 그리스도를 좇아가야" 합니다. 영생의 소유자 즉 그리스도와 동질자는 이처럼 그리스도와 같은 방향의 좁은 길을 가게 됩니다. 그처럼 능욕을 지고 영문 밖으로 나가는 것이 진동치 못할 나라를 소유한 증거니(히 12:28, 13:13) 같이 고난받음이 곧 동질의 표시이기 때문입니다.(딤후 1:8)

상속자복음

사람의 혼은 위로 올라가고 짐승의 혼은 아래 곧 땅으로 내려간 것처럼(전3:21) 성령은 사람에게 기쁨을 주는 역할을 하고 악령은 땅의 슬픔을 주는 역할을 합니다. 그래서 바울은 신자가 항상 기뻐함이 그리스도 안에서의 하나님의 뜻이라고 했고, 히브리서 기자는 항상 찬미의 제사가 입술의 열매라 했습니다.(살전 5:16-18, 히 13:15) 이처럼 기쁨이 이기느냐 슬픔이 이기느냐의 갈등이 신앙 생활의 분수령입니다.

그렇다면 어떤 신앙이어야 항상 기뻐할 수 있습니까? 이 문제에 대한 나의 해답은 바로 장자 신앙 즉 상속자복음이라고 믿습니다. 신자를 하나님의 자녀라 하나 내용은 두 가지로 나뉩니다. 하나는 보통 아들(롬8:16) 또 하나는 후사된 상속자입니다.(롬 8:17) 그런고로 보통 아들의 기쁨과 후사의 기쁨은 전혀 다릅니다. 성서는 이것을 배 즉 두 몫이라 하는데(왕하 2:9, 신 20:17) 그 내용을 구체적으로 한번 계산해보면 잘 알 수 있습니다. 즉 내가 보통 아들일 때는 나의 믿음 나의 열심 나의 정성 나의 지식을 수입으로 치고, 나의 무능 나의 추악 나의 실패 등을 지출로 하면 결과는 적자니 항상 기뻐하는 것은 불가능합니다. 그러나 상속자가 될 때 나의 수입에 하나님의 권능 하나님의 지혜 하나님의 자비 등등이 모두 내 것이 되니(고후 8:9) 비록 나의 지출에 불행과 병고와 실패와 사망이 온다한들 흑자가 분명하지 않겠습니까?

실로 내 지출 속에 온 세상이 들어와도 상관없고 전 인류가 나의 적이 된들 나는 넉넉히 견딜 수 있습니다. 우리 하나님은 세상보다 크시고 사람보다 크시니 하나님의 약함이 사람보다 강하고 하나님의 미련함이 사람보다 지혜있기 때문입니다.(고전 1:25) 바울이 말한 현재의 고난은 장차 나타날 영광과 비교가 안 된다는 넉넉한 복음의 비밀이 이것이 아니겠습니까? 상속자는 어떤 경우에도 수지가 맞은 흑자입니다. 그래서 항상 기뻐함이 억지나 무리가 아닌 자연스러운 일인 것입니다. 혹자는 이 기쁨을 미친 바보의 기쁨이라 욕할지 몰라도 나는 이 신앙에 살고 이 신앙에 죽을 것입니다. 이것은 종달새의 생명이기 때문입니다.(사 43:21)

상속자 복음 (복음 九~七)   98. 2. 14   —사편 10—

사람의 혼인 의로움을 다가 그 장상의 혼인이 대 곧 땅으로 내려간 것처럼 (전 두 린) 성령은 사람에게 기
쁨을 주시는 역할을 하고 악령은 땅의 슬픔을 주는 역할이다. 그래서 바울은 신 자가 항상 기뻐하라 그
리스도 안에서의 한나님의 뜻이라 했고 회 브리서 기자는 항상 잔치의 잔 사람의 의 먹는 마간 것이다
의처럼 기쁨이 이긴다. 슬픔의 이긴다의 양 잘 등은 신앙생활의 부수령인대 그렇다면 어떤 신앙이어야
항상 기뻐할 수 있는가 회 회 당이 바로 장차 신앙 중 상속자 복음이라고 믿는다. 신자들로 하나 님자 녀라 하
나내용 두가지로 강리니 하나는 보통 양들 (롬) 또 하나는 후사 인 상속자라 (롬) 그런 고로 보통 양들의
기쁨과 고통 두 사의 기쁨은 전혀 다른 것이다. 성서는 있을 배족 우 왔 이가 하는데 (삼하) 그내용을 구체 적으
로 한번 설산 해보면 잘알게 된다. 즉 내가 보통 양들의 때는 나의 믿음과 나의 영과 산나의 정성 나의 지성을 수입으로
치고 나 나 무진이 없은 나의 실패를 두 려하면 결과로 전자 (魂) 니 항상 기뻐함 이란 불 간 이 있다. 그
전자 상속 자가 될 때는 나의수 없어 하나님의 전유 하나님의 자본 등등이 모두 내 것이 되니 (영)
비록 나의 지출이 분부 공산 필요 사망이 우다 한들 전잔 수 없고 흐르 잔가 담 명하지 않은가 살로내
자손 속에 온 세상 이다른 잃 라 도상 관 없고 전산 루가 나의 적이 되 듯다는 니 넉넉히 건두는 것 즉 저 장야넘 후자
쌈이 들 라 망 넘의 우 또 하나넘은 세상 부 다 크 시 고 상 감 보다 크 시니 한 나넘의 약 함이 사람 보다 강 하고 하 나넘
의 미련한 사람 보다 지 혜 가 때 문 이 다 (고 전) 바 울 이 말 한 현 재 의 고 난 우 장 차 나 타 날 영 광과 비 교할 된
당 을 구 함 은 너 넘 와 그 리 스 도 복 음 의 (김품 巴) 의 능 력 의 비 밀 이 이 것 이 날 소 냐 (엡) 상 속 자 는 어 떤 경우 에 도
숫 자 가 많 은 흑 자 잔 고 잔 다 긍 신 항 상 기 뻐 할 여 건 이 나 무 리 가 서 지 만 실 것 이 다. 혼 자 는 이 기 쁨 을 믿 진
반 의 김 품 이 라 불 찰 찬 진 불 안 다 는 신 앙 엇 살 고 있 신 앙 대 국 이 리 라. 이 것 우 주 담 새 의 생 명 이 말 이 다. (사편)

후회없는 인생

인생이란 후회와 떠날 수 없는 존재입니다. 항상 실수, 착각, 오해, 고집 등등 악한 경향에서 벗어날 수 없는 존재입니다. 이는 그가 전능자가 아니라 죄의 유혹에서 벗어날 수 없는 피조물이기 때문입니다.(렘 13:13) 그래서 인간은 언제나 후회 없는 참 인생을 살았으면 하는 것이 그 소원인데, 이를 해결한 진리가 그리스도의 복음입니다.

바울은 "하나님의 은사와 부르심에는 후회하심이 없다"고 했습니다. 바울의 믿음은 항상 기뻐하고 범사에 감사하는 믿음이었습니다. 비록 어떠한 실패나 실수가 있다 해도 그리스도인이라면 결국은 만사가 합력하여 유익이 되며 후회의 반대인 감사가 됩니다. 이는 하나님의 사랑의 섭리가 승리했기 때문입니다.(롬 8:28) 발람 선지자는 "하나님은 인생이 아니시니 식언치 않으시고 후회도 없다"고 하였지만, 이는 새 창조의 완성 후의 일이요, 따라서 그때까지의 창조 과정에서는 두 번의 후회가 있었다고 성서는 말하고 있습니다.(창 6:6-7, 삼상

15:11, 35) 그러나 이 후회는 실은 완성을 위한 후회였습니다. 첫째는 노아의 홍수 심판 이후 무지개 언약을 통해 인생의 살 길, 즉 누구나 하나님과의 직결의 길인 무지개의 길을 열어놓 으신 것입니다. 두 번째는 하나님의 마음에 합한 다윗을 새 왕으로 세우심으로 완성했습니다.(행 13:22) 다윗은 왕이 되 기 전에 이스라엘의 숙원인 골리앗 문제를 해결한 자였습니 다.

나는 이 두 사건에서 배운바가 큽니다. 전자에서는 복음의 핵심이 되는 만인제사직(히 10:19-20)의 뿌리가 죄악 종결인 홍수 심판에서부터 생겼다는 일입니다. 또 후자에서는 골리 앗으로 상징되는 사망에 대한 해결자는 하나님이 원하는 산 제사에 눈떠(롬 12:1, 시 51:17) 이 땅에서 왕 노릇하는 제사장 이 된다는 그것입니다.

최고의 은사는 부러움 없는 만족한 마음입니다. 그 자리가 복음 제사장이요, 최고의 부르심은 오늘밤이 나의 종말이 되 어도 감사하는 믿음입니다. 이는 그리스도가 그의 전부가 되 시기 때문입니다. 참으로 그리스도인은 슬픔과 탄식이 사라 지고 희락과 감사 속에 사는 이들입니다.(사 35:10, 요 6:47)

엄청난 은혜

다른 사람에게는 어떠하든지 내게는 그리스도의 은혜가 너무나 엄청납니다. 죄 밖에는 내 놓을 것이 없는 나요, 부끄러워서 얼굴을 들 수 없는 존재가 나입니다. 그럼에도 불구하고 그와 같은 모든 불의와 죄를 용서해 주시고(벧전 4:8) 그 이상 참으로 넉넉한 사랑을 베풀어 주셨습니다.(시 65:10) 나 같은 불초가 인간의 지각에 뛰어난 평강을 이 땅에서 누리고 있는 것은 오직 하나님의 사랑의 힘으로 인해 두려움이 감사로 변했기 때문입니다.(요일 4:18) 그래서 일곱 번씩 일흔 번을 넘어져도 다시 일어나게 되니(잠 24:16, 미 7:8) 이처럼 내 능력이 되는 존귀한 그 사랑에 무엇으로 보답할 수 있겠습니까.

나는 참으로 기적적 섭리로 기독교에 입신했습니다. 신학을 공부하는 과정에서도 생각조차 못했던 복음의 생수를 도서실에서 발견하였습니다. 그 놀라운 섭리와 더불어 오늘까지 모든 면에서 내 뜻은 무너지고 오직 하나님 뜻에 굴복을 강요당한 순종의 은혜였습니다.(삼상 15:22) 나도 한때는 유능한 부흥 목사가 되는 꿈도 있었고 일본전도의 사명을 느껴 불같은 열심도 냈습니다. 지금 생각하면 그 모든 것이 그때그때 주님께 쓰여진 것 일뿐 그 이상 아무것도 아니었음을 반성하게 됩니다. 자기 위치를 되찾고 보니 남은 것은 오직 주님의 은혜뿐임을 절감합니다.

실로 영원히 변치 않는 것은 오직 그리스도의 은혜뿐입니다. 그 은혜는 나의 행위와는 아무런 관련도 없는 순수한 일방적 은혜입니다. 그러므로 때때로 내가 피곤할지라도 낙심에 빠지지 않고 무위 무능한 경우에도 실망하지 않게 되는 것입니다. 이 은혜는 바울이 말한 "내가 연약할 때에, 경건하지 않을 때에, 죄인 되었을 때에, 나를 위해 죽어주신 그리스도의 사랑"이므로 내게 그 이상의 다른 은혜가 필요 없기 때문입니다.(롬 5:6-9) 나는 오직 그 사랑만이 거짓이 없는 참 사랑이라 믿어 은혜의 보좌와 내 생명을 바꾸었습니다.(히 4:16) 이제는 내게 능력 주시는 이 안에서 모든 것이 가능하게 되어 은혜 위에 은혜라는 것을 나는 믿습니다.

적응의 힘

인생의 생사화복은 물론이요 우주만사를 주장하시는 분이 하나님이십니다. 이 하나님을 아버지로 믿는 이에게는 이 땅에서 적응하지 못할 일이 있을 수 없습니다.(시 48:14, 눅 12:7) 바울은 이점에 있어서 모든 것을 감사로 받으면 버릴 것이 없다고 했습니다. 우리 하나님은 사랑의 하나님이시요 선의 하나님이신 까닭입니다.(요일 4:8, 마 19:17) 그러므로 바울에게는 실로 죽음까지도 유익한 은혜였습니다. 이처럼 인생 최대 난제인 죽음마저 유익한 것이 됐다면 그 사람에게 무엇이 또 문제가 되겠습니까? 그래서 바울은 항상 기뻐하고 범사에 감사하는 것이 그리스도 안에서 믿는 이에게 향하신 하나님의 뜻으로 단언했습니다. 믿는 자에게 베푸시는 하나님의 최선의 사랑을 세상의 어떠한 것도 끊지 못한다는 것입니다.

사계절에 잘 적응하는 몸이 건강한 사람인 것처럼 신앙 역시 어떠한 환경도 소화할 수 있어야 합니다. 따라서 징계의 환난을 잘 감당하는 이가 참 아들이요 반대로 징계에 순응 못하는 이는 바로 사생자라는 말씀이 참 진리입니다.(히 12:6-8) 하나님은 우리가 시험당할 때 피할 길을 내시고 감당 못할 시험은 허락지 않기 때문입니다. 실로 젊을 때는 젊은 은혜가 있고, 노년에는 노년의 은혜가 있습니다. 건강할 때는 건강의 은혜가 있듯이 병자에게는 병의 은혜가 있는 법입니다. 이 점에 대해 우치무라는 다음과 같이 말했습니다. "나를 그리스도에게 가까이 하게 하는 것은 내게 있어서 다 선한 일이다. 빈궁도 질병도 고독도 박해도 죽음 그 자체도 다 이런 의미에서 선한 일이다. 그리고 내가 그를 구하게 될 때 내게 있어서는 모두가 선하지 않은 것이 없다. 참으로 나는 행복한 사람이다." 이처럼 불행처럼 보이는 사실을 선한 일로 받아 감사하는 믿음이 곧 세상을 이기는 믿음이요, 우주를 정복한 최고의 신앙입니다. 믿음으로 사는 의인이여, 이제는 일어나십시오.(사 60:1)

선한 목자 우리 하나님

하나님은 그리스도인을 권세 있는 친 백성으로 연단하시며 극상품 포도로 만드시는 영원히 진실하신 하나님이시기에 그의 자녀 단련법도 최고의 방법을 쓰십니다. 이것이 바로 하나님의 징계입니다.(요 1:12, 디 2:14, 사 5:2, 히 12:8, 고후 5:17) 그는 자녀된 자를 당신처럼 성장시키기 위하여 항상 숨어 계시는 하나님이시며(사 45:15) 일부러 환난을 창조하시는 엄중한 아버지이십니다.(사 45:7) 그러나 동시에 선한 목자도 되시기에 그 환난에서 절대로 떠나지 않으시고 끝까지 동참하시는 사랑의 어머니도 되십니다.

그의 훈련법은 참으로 추상같아서 티끌만한 인정도 없는 것처럼 심하게 경책하시나 죽음에 이르게 하지는 않으시는 분이십니다. 그런고로 시험하실 때 반드시 피할 길을 두시고 그의 자녀가 감당 못할 시험은 절대로 안하시는 지혜로운 승리의 대장이 되십니다. 우리가 선악을 분별하는 장성자가 되기 위해서는 이와 같은 마음의 연단이 필요한즉, 은을 연단하는 도가니처럼 금을 연단하는 풀무처럼 어찌 사정을 봐주시 겠습니까? 우리의 선한 목자께서는 막대기와 지팡이를 쓰셔 서 자기 이름을 위해 우리를 의의 길로 인도하십니다. 사람의 의로부터 하나님의 의로 승화시켜며 더러운 옷을 벗기시고 제일 아름다운 예복을 입히십니다.

이처럼 영원한 영광에 들어가서 은혜의 보좌를 차지하는 인생 최고의 행복을 누리는 그 연단의 과정에서 죄인된 내게 어찌 눈물의 대가가 없겠습니까. 그러나 감사드립니다. 우리 하나님은 나의 사정을 잘 아셔서 나의 이 작은 눈물을 값지게 보시고 친히 그 성수로 씻어 주시니, 아 나는 영원히 영원히 그 이름을 찬송할 것입니다.

복음 분량은 담대 분량이다

율법은 죄를 알게 하되 그 죄를 제거할 힘은 없습니다. 그렇기 때문에 율법은 반드시 복음 즉 죄를 제거하는 사랑의 힘에 연결되어야만 비로소 그 소임을 다하게 됩니다. 그래서 사랑은 율법의 완성이란 말이 진리인 것입니다.(롬 13:10) 보통 인간은 죄가 무엇인지조차 모르는 소경들입니다. 그 소경들의 눈을 뜨게 하는 것이 바로 저주의 율법입니다.

그런데 그와 같은 저주에서 해방의 은혜를 온 인류에게 가져오신 기쁨의 주인공 그분이 바로 예수입니다. 그래서 그는 당시의 사람이면 누구나 죗값으로만 알았던 나면서부터 저주받은 소경에 대해서 하나님의 은혜의 섭리라고 하셨던 것입니다. 이처럼 기독교 복음의 능력은 저주처럼 보이는 흑암의 세력에 대한 은혜의 빛의 승리입니다. 여기에 십자가 복음의 비밀이 있습니다. 그러므로 복음은 필연적으로 담대해야만 믿어집니다. 하박국처럼 말입니다. 그는 결코 과거의 인물이 아니요 지금도 살아서 우리에게 영으로 말하고 있습니다.

포도나무에 열매가 없으니 소망의 극상품 포도가 과연 어디에 있다는 말입니까? 열매에 자신 있는 참 감람나무를 어디서 볼 수 있습니까? 누구의 마음 밭에 보좌로 통하는 은혜의 생수가 있단 말입니까? 외양간에도 참 자유의 기쁨에 뛰는 송아지가 아무 곳에도 안보입니다. 그러할지라도 나는 여호와로 인하여 즐거워하며 나의 구원의 하나님으로 인하여 기뻐하나니 이는 임마누엘의 축복 이외의 것은 언제나 다 버릴 수 있는 참 권세의 축복이기 때문입니다. 진실로 복음의 분량은 곧 담대의 분량이니 완전한 복음은 완전한 담대함임을 알 자는 알 것입니다.

복음의분량은 담대분량이다 (복음~1~36)　　94.5.14　—히+35—

율법은 죄를 알게하되 교회를 제거할 힘은 없기 때문에 율법은 다음즉 죄를 제거하는 사
랑의힘에 연결 되어야만 비로서 구속임을 다하게된다. 그래서 사랑은 율법의 완성 이란말이 진리인
것이다 (롬~~~) 보통인간은 죄가 무엇인지 조차 모르는 소경들이다. 구속정들의 눈으로 느끼게하는역
할자가 바로 전주에서의 해방의 은혜를 온 인류에게
가져오신 기쁨의주인공. 그분이 바로 예수이다 (눅~요~) 그래서 근년 당시의 사랑임을 누구나
죄없으로만 알었던 나면서부터 전주반은 소경에 대해서 강히 하나님의 은혜의 선리라 고하
셨던 것이다 (요~) 이처럼 기독교복음의 능력은, 전주처럼 났으는 흑암의 세력에 대한 은혜
의빛이 우리 경복의 빛이란 뉴이다. 여기에서 참가 복음의 비밀이 왔느것이다 (롬~~엔~~ 공간들)
그런고로 복음은 필전적으로 담대해야만 떳떳진다 (벧~~)
근년 결코 과의 신물이 아니요 지금도 살아서 우리에게 명으로 말하고 있다. 왕 포도나무에
는 잘잘라 나무가 어데서 붙수있느가 (요~~) 누구의 마음밭에 보좌진통의 은혜의생수
가 터저 있단말인가 (요~~~) 우리엔 독립종자가 참양으로 없고 모두가 단체인지
양인가 (벧~~~) 옹양간에도 참자유의 기쁨에 떠는 소유지가 아무곳에도 안보이는군
(말~요~~) 그런한것도나는 영외로와 돋하며 즐거워 하며 나의구원이 하나님을 인하여
기뻐하니 인살만누엘의 축복이 (마~) 바로 영외와 이것은 언제나 다버린 참천세
의 국복이기 때문이다 (욥~행~~장) 진실로 복음의분량은 곧 담대의분량이니 100%
복음은 100% 담대임을 알잔단 얼리라 (데~) 손고 / 복음은 뭇의 자매가 자유의 몸으로 갈사

의인의 믿음

의인의 길은 여호와께서 인정하시나 악인의 길은 망합니다. 악인은 하나님이 없다는 자이지만 의인은 믿음으로 사는 자인고로 그가 진정 복음을 믿는다면 그는 의인됨이 분명합니다.(롬 1:17) 그래서 의인은 일곱 번 넘어질지라도 다시 일어나지만 악인은 재앙으로 엎드려집니다.(잠 24:16)

바울이 말한 의인은 하박국의 말을 인용한 것인즉 우리는 하박국의 믿음을 꼭 알 필요가 있습니다. 그 믿음은 절대적인 믿음이었으니 그 구체적인 내용이 얼마나 놀랍습니까. 즉 감람나무에는 소출 없으며 포도나무에 열매가 없으며 밭에 식물이 없으며 우리에 양이 없으며 외양간에는 소가 없을지라도 나는 여호와로 인하여 즐거워하며 나의 구원의 하나님을 인하여 기뻐한다는 믿음이었습니다. 그래서 여호와는 나의 힘이시니 나의 발을 사슴과 같게 해서 나의 높은 곳에 다니게 하신다 하였습니다.(합 3:18) 성경에 따르면 포도나무에 열매가 없고 감람나무에 소출이 없다는 것은 바로 하나님의 저주의 표시입니다.(신 28:39-40) 그와 같은 일이 다섯 번씩 있어도 실망하지 않고 다시 일어나는 복음적 권능의 주인공이 바로 하박국이었습니다. 그가 가진 기쁨과 즐거움 앞에서는 어떠한 슬픔과 탄식도 도망칠 뿐이었습니다.(사 35:10)

인생 최고 저주라 할 죽음까지도 기쁨으로 받아서 감사하는 그리스도 은혜의 복음은 얼마나 장엄한 축복입니까. 그래서 바울은 복음을 부끄러워하지 않았으니 이는 그리스도가 내 죄를 완전히 인수하실 뿐 아니라 그의 부활로 그의 의의 영광 전부를 내게 인계해 주시기 때문입니다.(롬 4:25) 그 은혜는 부요하기 때문에 내가 항상 기뻐하고 범사에 감사하는 자로 변하게 됩니다. 실로 하박국의 다섯 마디 말씀은 일만 마디 방언보다 존귀하니, 하박국의 음지陰地 복음 의인 만세입니다.

2부

교회에 관하여

구원받은 사람의 예배

구원받는 사람의 예배는 고요하고 평온함이 그 특징이요 (요 14:27), 우상 숭배자의 예배는 시끄럽고 요란함이 그 특징입니다.(사 57:21) 우리는 예배드리는 사람의 태도를 통해서 그가 상대하는 신이 참 신인지 거짓 신인지를 분간할 수 있으며, 그의 구원의 진실성도 식별할 수 있습니다. 주의 종은 목소리를 높이지 아니하는데 반하여, 바알신 선지자들은 큰 목소리로 외치고 피가 흐르기까지 칼과 창으로 그 몸을 상하게 했습니다.(왕상 18:28) 문제는 예배의 의식이나 절차가 아니라, 합격자 또는 불합격자에 따라서 그 예배 태도가 달라진다는 것입니다. 복잡스러운 의식儀式은 그 자체가 구원에서 떨어져 있다는 증거입니다.

십자가의 구원은 큰 구원이며, 영원한 구원입니다.(히 2:3, 5:9) 이는 하나님께서 독생자를 십자가에 달아 우리의 화목제물로 삼으신 것입니다. 그 희생의 대가로 우리를 다시는 뽑히지 않을 당신의 본토에 마음과 정신을 다하셔서 심으신 것

입니다.(암 9:15) 그러므로 우리의 예배는 이 구원에 힘입어 합
격자의 감사예배가 있을 뿐입니다.

거짓 나그네와 진품 나그네

　말세인지 세상 모두가 마귀 농간으로 거짓이 판치고 있습니다.(요 8:44) 그 중에서도 나그네라는 말처럼 우습게 보이는 말이 없으니, 이것이 나만의 착각이라면 얼마나 다행이겠습니까. 진짜 나그네라 한다면 그는 본향 가는 것이 최고 소망이요, 본향 생활이 유일한 보람이라야 할 것입니다. 그러나 그와는 반대로 본향 가는 것이 싫고 본향 생활보다도 현재 생활이 더 좋다고 생각한다면 그는 본향 없는 가짜 나그네가 분명합니다. 만일 그리스도인이라 하면서도 이처럼 본향(천국) 가기를 부끄러워하고 기피한다면 그 신앙은 거짓 신앙이 분명합니다. 그것은 결국 사망을 이길 자신이 없다는 증거입니다. 사망을 이기지 못해 내세가 안 믿어지고 안 보이니 그 불안감이 바로 사망의 종 마귀의 종 된 증거입니다.(히 2:14, 골 3:15, 사 57:21)

　믿음이란 하나님의 존재를 말하는 것 뿐 아니라 그 이상으로, 그리스도를 통해 현재의 영생이 믿어지는 산 사실입니다.

성령을 통해 그는 하나님의 자녀 된 증거를 받고 사는 새로운 존재가 되었습니다. 하나님의 집이 된 영광된 신분으로 변하여서, 항상 기뻐하는 존재가 그리스도인의 정위치인 것입니다. 그 기쁨의 노래가 새 노래 즉 찬송입니다. 이 같은 나그네의 개선가인 찬송이 그저 하나의 세상 음악이 되어, 감격 없이 불려지는 가련한 거짓 나그네 시대가 지금 아니겠습니까.

실로 노래냐 찬송이냐, 유신론자냐 영생 실력자냐, 육신이냐 성전이냐, 거짓 나그네냐 진품 나그네냐, 빼앗기지 않는 것은 둘 중 하나뿐입니다. 진실로 진짜 나그네 인생은 그 하루가 최고 바쁜 자로 증명됩니다.(약 4:14) 하루가 천 날은 율법 시대요, 하루가 천년이 복음 시대입니다. 여기에 나그네의 본색이 있습니다. 죽은 돌이 아닌 산 돌, 사망의 왕 골리앗을 쳐부순 산 돌을 가진 자,(삼상 17:40) 그가 세상에서 왕 노릇함은 그 이상의 권세자는 없기 때문입니다.

거짓나그네 와 진품나그네 (회-18) 98.10.31 — 요+8:36 —

말세인지 세상모두가 마귀농잔으로 거짓이 판치는데(요8) 그중에서도 모두가 말한는 나그네라는 말처럼 내겐 우슈게 놀이는 말이 없으니 이것이 다만 나의착각이라면얼마나 다행일가

진짜 살고네라 한다면 근본 보고향간것이 최고 소망이여요 본고향 생활보다도 현재생활이더좋다고 생각한 한것인데도 굿하는 반대로본 향간이 싫고 보향생활이 우웃안 좋은관심이여야

닦면 근본향갔나가 짜났고네가 분명한것이다 만약 기독자라면 서도 이처럼 본향 (천국)가기를 부귀영화고 기피할진데 그사랑근 고장난 거짓 신앙이 분명하다 (빌3:20) 그것은

결국 사망으로길 잔신이 있다는 종거요 사망아들 들어서 내게 안맞어지 공안 볷이의 구분안 감이 바로 그자산의죽 마귀 중된 조직이다 (마8:21)

씨뿌려서라 굿상구구도 를 못한권쟁의 정맘이 면거지는 사실이다 (약5:7) 성령으로 또해 그는이 이미

하나님의자녀된 증거를 들받고 산 새로운존재로 (롬8:16) 하나님의집이되 영광된 신분됨이 (고전3)

믿어저서 고때상항 상 기빼 한는 존재 니가 독자의 정의 취치가 있고야 (살전5:8) 그가 비록외 노래가

새노래 족 찬송이라도 (계14:3) 이같은 멋진 나그네 대가지고 야산가 실로 노래나 찬송이야

으로 만 살고 감격없이 보르는 가련한 지었나그네 되어나가 유신도 잔가 영성 살려자낙 욕신이나 선전이나 거짓낙네라 진품 나그네

들 수나 나뿐이다(十22) 진실로 진짜나 그네 인생은 굿하루가 최고 방울로 종이 면 되다(벧전1) 하루가 천날

송은 영시세요 야날로 가치된 알부 한 다 (시90) 여기서 나그네 본 뿐이었다. 죽음돌이 난 산돈 (히11) 가

완물리었을 취기신소를 가지자 (누43) 굿세상 여왕 와 놀뜻안을 굿아사 전체자 신께 라면다 (젤포 12:0망)

그루터기 복음

이사야가 받은 복음의 씨는 그루터기를 살리는 특별한 씨였습니다.(사 52:7, 6:13) 바늘귀를 통해서만 떨어지는 세미한 씨였으니(마 19:24, 왕상 19:11-12) 부자에게는 숨겨진 비밀이요, 불, 지진, 바람을 찾는 이들에게는 알 수 없는 수수께끼였습니다. 그러나 이 씨가 떨어진 곳에는 뱀이 흙을 먹게 되며 사자는 소처럼 풀을 먹으며 이리와 어린양이 함께 먹고 놀게 됩니다.(65:25) 가시나무는 잣나무가 되고 질려는 화석류로 변하고 들포도는 극상품 포도로 소생하게 되는 씨(55:13, 5:2)입니다. 이 씨는 사람들의 죄가 배나 용서되는 새 창조의 은혜의 씨요 메시아 그리스도의 씨며, 멜기세덱의 씨입니다.(40:2, 52:8, 히 7:1) 이처럼 차원 높은 씨인 까닭에 아브라함이 모르고 이스라엘이 인정하지 못 하였음이 당연했습니다.(63:16)

이사야의 사명은 백성의 마음을 둔하게 하고 눈을 멀게 하며 귀를 막히게 하고 말씀을 봉하는 일이었습니다. 당시의 백성들은 성전 우상 신앙으로 제물과 절기, 성회와 대회를 통해 여호와의 이름을 부르면서 여호와를 괴롭게 했습니다.(62:1, 1:11-15) 이처럼 발바닥에서 머리끝까지 손댈 수 없는 치명상을 당하고도 모르는 그 원인은 바로 그들의 종교가 천박한 진리 운동이었기 때문입니다. 이사야는 그들 종교 지도자들과는 달리 망하고 망한 마지막 그루터기에 소망을 거는 오메가의 씨를 뿌리라는 명령을 받았습니다. 이는 살리기 위해 죽이는 역할을 하라는 것이었습니다.(마 16:25, 갈 2:20)

저들은 성전 성전 하면서 참새 떼처럼 사람끼리 모이는 데만 전념하고, 축복이니 능력이니 영광이니 떠들었지만 한 가지 참 평강은 없었습니다. 이는 그들이 노리는 속효주의速效主義 때문인데, 모래 위에 지은 집으로 본토 백성이 아니기 때문이었습니다(57:21, 마 7:25, 암 9:15). 이사야는 독수리처럼 천하를 상대하는 새 힘을 받을 것을 역설했습니다. 새 힘이란 끝까지 견디는 인내의 힘을 뜻합니다.(30:15, 마 24:13) 성령도 인내요 사랑도 인내입니다.(갈 5:22, 고전 13:4) 모세 때의 광야 생활 40년이 인내의 훈련이었습니다. 오늘날의 개신교가 루터의 개혁 후 4백 년이 넘었어도 이 꼴이라면, 이제 참 그리스도인이라면 4천 년을 목표하는 그루터기 복음 외에는 소망이 없음을 알 것입니다. 그러나 감사한 것은 주께는 천 년도 하루

같으니 4만 년이라도 우리는 만만세입니다.

본부 없는 하나님

하나님은 죽은 자의 하나님이 아니요 산 자의 하나님이십니다.(마 22:32) 그러므로 진리의 하나님은 죽은 집에는 안 계시고 산 집에 계십니다. 하나님은 반드시 인간의 양심을 통해 역사하십니다. 전지전능하심으로 우리의 머리털까지도 관심하시며 섭리하시니 하나님을 아버지처럼 믿고 만사를 맡기고 순종하는 그 안심이 바로 하나님의 평강입니다.(빌 4:7)

이와는 반대로 우상은 죽은 하나님으로, 진리가 아닌 까닭에 그것은 인간의 욕심을 더욱 조장시킵니다. 우상은 양심을 새롭게 변화시키지 못할 뿐 아니라 오히려 자기를 진리처럼 위장하여 모든 사람들을 속여 유혹합니다.(고후 11:4, 요 8:44, 겔 13:19) 그러나 우상은 손으로 만든 죽은 집이 있어야만 활동할 수 있기에, 이 죽은 집을 가리켜 하나님의 집이요 성전이라고 선전하면서 화려하게 꾸미고 과장합니다. 그리고 그 곳을 하나님의 본부처럼 신성시해서 믿도록 만듭니다.(렘 7:4) 거짓 종교는 항상 이처럼 손으로 지은 건물을 가리켜 제단이라고 떠들며, 그 본거지를 더욱 중앙 제단이라고 드높입니다. 그리고 이 같은 제단 아닌 다른 곳에서는 예배가 될 수 없다며, 양심을 마비시킵니다.(행 7:48, 딤전 1:19)

오늘날 한국 교회가 건물 확장이라는 한 길로 달리면서 그 위세를 떨치고 있습니다. 그리고 이것이 마치 진리의 승리처럼 자부하니, 얼마나 기막힌 비극입니까. 진리의 하나님은 본부가 없는 것이 그 본질입니다.(요 4:21) 이처럼 하나님의 본부가 건물이 될 수 없다는 이 단순한 사실 하나만 알아도 우리의 답답한 숨통은 소생하게 됩니다.(요 5:25) 그리스도께서 십자가에 달리실 때 예루살렘의 성전 휘장이 위에서 아래로 찢어졌습니다. 이는 바로 하나님의 본부가 성전이 아니라 우리의 마음으로 이동한 것을 상징하는 혁명적 사건이었습니다. 이는 은혜의 보좌와 새롭고 산 길의 개통이었습니다.(마 17:51, 히 4:16, 10:19, 20, 렘 31:31) 이처럼 우리 자신이 진리의 하나님의 거처가 되었습니다. 이 큰 은혜에서만 목마름이 해결되니 본부가 바로 생수가 넘치는 곳이기 때문입니다.(요 4:14)

기독교의 오의

　도를 구하는 데 있어서 그 도의 핵심을 파악하는 최고의 경지를 오의奧義라고 해서 모두가 거기에 이르기를 애쓰는 것이 도심道心입니다. 기독교 진리의 오의는 과연 무엇일까요. 내가 요새야 깨달은 것이 중생 진리입니다.(요 3:3) 중생의 시작이 영생이며 영생의 결과가 중생인 까닭에 영생이 해결되지 않고는 중생은 없다는 그것입니다. 이것은 중생의 교리 설명이 아니라 내가 느낀 사실의 고백입니다. 중생 즉 거듭난 사람이란 어떠한 고난, 어떠한 오해, 어떠한 실패, 어떠한 쓴 잔에도 견디는 새 사람이 되었다는 뜻이니 이것이 바로 그리스도인의 정체입니다.(막 9:23)

　어떻게 그렇게 될 수 있느냐에 대한 해답이 바로 영생입니다. 즉 영생을 가졌기 때문에 그같은 새 인생이 되는 것입니다. 이것이 바로 호세아가 말한 뒤집힌 전병입니다.(호 7:8) 오늘날의 그리스도인이 왜 무력한가에 대한 해답이 바로 여기에 있습니다. 백발이 머리를 덮어도 깨닫지 못하고 그 힘이 이

방인에게 삼킴 당하는 이유가 바로 뒤집혀지지 않았기 때문입니다.(7:9) 전병이 한 쪽만 구워졌을 뿐 다른 한쪽을 뒤집지 않았으니 맛이 좋을 까닭이 없습니다.

영생이 들어간 자는 그의 가치관이 완전히 뒤집힙니다. 그래서 사는 것보다 죽는 것을 더 기뻐하게 되니(빌 1:21) 실패도 두려워않고 곤란을 향해 오라, 오라 하는 새 인생이 됩니다. 그가 바로 받는 자가 아니라 주는 복된 자입니다. 바울이 사망에게 호령한 것처럼(고전 15:55) 참 신자는 "불어라 밤바람, 내려라 눈물의 비, 영원한 청량 세계가 또 나를 기다리고 있기에 나는 기꺼이 괴로움을 참으며 바람과 티끌을 무릅쓰고 전진한다"며 완전한 전진자가 되는 것입니다. 하나님의 미소를 온전히 확인한 자는 완전한 실패에도 견디며 영생으로 뒤집힌 자에게 흉한 소식이란 없게 됩니다.(시 112:7) 기뻐하고 범사에 감사하게 됨이 복음의 오의입니다.

기독교의 오의 (복음누~六回) 94.6.26 —— 갈二20 ——

도를 구하는데 있어서 그 도의 핵심을 파악하는 최피이적지 그들 오의(奥義)라고 해서 모
두가 거기에 이르기를 애쓰는 것이 도심이다. 기독교 진리의 오의 는 과연 무엇인가. 내가 옛새야
깨달은 것이 중생 진리요 (요三) 그리고 중생의 시작이 영생이며 영생의 결과가 중생이 것인데 영생
이 해결 되지 않고는 중생 못했다는 것이다. 이것이 중생의 근리 설명이 아니라 내가는 신 사실의
그 빛뿐이다. 중생 즉 거듭 난 사람이란 어떤 고를 '어떠한 의미. '어떠한 고를 거듭 났다는
새사람이 됐다는 뜻이니 이 가 바로 기독자의 정체인 것이다 (마九2) 그렇게 거듭되수 있는데 대한
해답이 바로 영생이다. 즉 영생을 가졌기 때문에 구 같은 신 생이 나는 것이다 (요六) 이 가 바로 중생
가 망한 듯 잖은 신 범이 오(홀). 여기서 알게 되는 것은 오늘날 기독자가 왜 무력한가 그 이유가 뭐냐
하는 해답이 바로 여기 있는 것이다. 백 받이 연료격 먹 어 여 철 달지 못하고 그 힘이 이 방인에게 삼킴
당 하는 이 유가 바로 뒤 잡 어지지 않는기 때문인 것이다 (호七9) 전병이 한 쪽만 구이것을 뿐.
다 루 짞 은 쪽 으로 뒤 집 지 않 있 어 이 맛 이 좋 을 까 닭 이 없 다. 영 생 이 들 려 잔 자 는 (요 二 35) 그 이 가 죽 과 관
이 완 전 히 뒤 집 은 것 이 다. (산 전34) 그 래서 사 는 것 보 다 죽 는 것 을 더 기 뻐 하 는 사 망 화 여 자 로 되 니
(빌 一 21) 실 패 도 두 려 위 않 고 고 난 을 향 해 오 라 오 라 하 는 새 인 생 이 되 다 (히 十 6) 이 가 바 로
받 는 자 가 아 니 라 주 는 복 자 인 것 이 다 (행六3) 바 울 이 사 망 에 게 호 령 하 것 처 럼 (고전十五) 참 신 자
는 「불 에 라 밤 바 람 내 려 라」 는 물 의 비. 명 원 한 천 랑 한 세 계 가 또 나 를 기 다 리 고 있 음 으 로 나 는
기 꺼 히 괴 로 움 을 참 을 때. 바 람 과 티 끌 을 물 뿌 리 듯 던 져 친 한 나 는 (100% 전 진 자 가 된 것 이
다 (산업8人) 하 나 님 의 미 소 가 (100% 화 있 되 잖 는 (100% 의 실 패 되 도 견 디 면 영 생 으 로 되 찾 을 있 는
후 한 수 속 을 란 (없 걸 되 다) (시 끄) 그 래 서 항 상 기 뻐 하 고 범 사 에 감 사 하 게 됨 이 복 음 의 오 의 인 것 이 다

철면피 교회

기독교가 종교 이상의 진리가 되는 이유는 오직 거기서부터만 새로운 인생인 양심이 창조되기 때문입니다.(고후 5:17, 히 9:13-14) 그런 까닭에 기독교 복음은 다른 종교와 화합하거나 동화될 수 없는 오직 한 길 뿐입니다. 여기에 복음의 지엄함이 있고 그 위치가 명백한 것입니다.

기독교는 오직 믿음 안의 양심으로 나타납니다.(눅 16:16, 요 14:6) 그리스도인의 양심은 표면적으로 나타나는 이상의 이면적인 것입니다. 즉 미움이 곧 살인이요, 음탕이 곧 간음이며, 탐심이 우상임을 알고 떠는 자가 그리스도인입니다.(마 5:22-28, 골 3:5) 내가 다른 종교와 동조하지 못하는 이유는 이것 때문입니다. 만일 기독교 진리 이상의 더한 양심이 있다면 나는 서슴없이 개종할 것입니다.

이처럼 인류 최고의 양심이 기독교이기에 사탄은 이 양심을 마비시키기 위해 거짓 기독교를 만드니, 허다한 무리가 여기에 빠진다고 바울 사도는 말했습니다.(고후 11:4) 언제나 제일 좋은 것은 유사품이 따르게 마련인데, 어찌 기독교가 예외가 되겠습니까. 그런고로 성령은 항상 귀 있는 자는 들으라고 경고하십니다(계 2:7, 11, 17, 29, 3:6, 13, 22).

충남 지역에 어느 장로교회가 있습니다. 똑같은 장로교회이나 교파가 달라서 한 예배당을 아래와 위로 나누고 따로 예배를 드려온 지 10년이 넘었다고 합니다. 처음에 온 목사의 행실이 부덕해서 권고 사직시켰더니, 그 목사가 교인들을 충동해서 다른 파를 만들고 아래층으로 내려갔다는 것입니다. 그 후 10년 이상 두 파가 같은 시간 상하에서 예배를 드린다니 이것이 한국 교회의 현실입니다.

그들은 실로 예수는 버려도 예배당은 못 버리며, 진리는 떠나도 교회는 못 떠납니다. 말씀은 버려도 목사는 못 버리는 무리니 이것이 바로 무서운 교회주의요, 사업주의요, 인본주의입니다. 이 같은 철면피 교회가 다른 곳에 또 생기지 않는다는 보장이 없으니 얼마나 심각한 일입니까. 한 사람의 양심보다 교인 숫자를 크게 보는 그것이 병균임을 알고 회개할 자는 바로 나 자신입니다.(대상 21:1, 시 49:20)

신학교의 죄

중세 암흑 시대에 카톨릭 교회의 부패에 눈을 뜬 마르틴 루터는 교회의 내적 개혁을 꿈꾸고 성심을 다하는 양심으로 95개조의 반박문을 내걸었습니다. 그러나 이것이 도화선이 되어, 결국 카톨릭 교회를 그냥 두고는 진리가 질식당한다는 체험적 사실로 불가피하게 새로운 교회가 창설되었습니다. 이처럼 교회보다도 진리를 높여야 한다는 양심의 발로가 바로 개신교를 탄생시켰던 것입니다.

그런데 오늘날 이 개신교가 갈 데까지 간 질식 상태라면 이제 또 다시 새로운 해산의 수고를 누구인가는 해야 하지 않겠습니까. 누구라도 한국 교회의 현재 상황을 뜻 있는 눈으로 본다면 이제는 무엇인가 달라져야 한다는 절박감을 느낄 것입니다. 즉 이대로는 안 되고 더 강한 진리가 나와야 할 것입니다.

이러한 문제에 대한 해결은 신학교에서 나와야 하니, 신학교가 바로 기독교 지도자의 양성소이기 때문입니다. 만일에 신학교가 이러한 급박한 현실을 외면하고 구태의연한 물량주의적 전도자만 배출한다면, 그것은 죄에 죄를 더하는 격이 될 것입니다. 이는 부패를 더욱 부채질하는 역효과가 될 것이 분명하니, 그 이유는 교회의 부패는 전부에게 해당되는 심각한 문제이기 때문입니다.

그러므로 이제는 아브라함의 318명이 나올 때며,(창 14:14) 기드온의 부라가 등장할 때입니다.(삿 7:10) 여호수아의 천 명 부대가 필요할 때며,(수 23:10) 바울이 말한 강력 부대가 나올 때인 것입니다.(고후 10:4) 브리스길라나 아굴라와 같은 증인이 필요할 때며,(행 18:28) 자기 면류관을 던지면서 경배하는 24장로가 나올 때입니다.(계 4:10) 진리 선봉 부대는 다만 유다 지파뿐임을 알고,(민 10:14) 이제는 구별된 다른 제사장을 내세워야 할 때입니다.(히 7:15)

만일 신학교에서 못 한다면 도대체 어느 곳에서 이 문제를 담당하겠습니까. 신학교가 아직도 문제의 심각성에 눈뜨지 못했다면 분명 세상에 취한 하나님의 원수로 적그리스도의 오명을 면치 못 할 것이니(약 4:4) 차라리 신학교 간판을 내림이 양심적이지 않겠습니까. 내게는 후세 역사가의 지탄의 소리가 들립니다.(계 3:22, 렘 5:31)

정신적 예배와 영적 예배

　신약성서가 가리키는 하나님의 집은 사람의 몸입니다.(고전 3:16, 히 3:6) 교회 건물을 성전이라는 말은 망발이니, 이 지상에서 하나님께서 거하실 건물은 어느 곳에도 없기 때문입니다.(히 9:24, 행 7:48) 정신적 종교는 심미적이기 때문에 음악이나 건축, 장식 행사에 관심을 가집니다. 그러나 하나님이 기뻐하시는 예배는 건물, 악기, 예복, 성가대, 촛불 등등을 통한 것이 아닙니다. 다만 인간의 내적 성전인 영적 세계에서 발생되는 참 예배입니다.(요 4:23)

　이 영적 세계로 들어가는 길은 오직 하나, 예수 그리스도의 피뿐입니다.(히 10:19-20) 여기서 예수의 피는 나 자신에게 언도된 죽음(그리스도와 같이)의 선고를 믿음으로 받아들이는 것을 뜻합니다. 곧 스스로가 하나님을 위해 무엇을 할 수 있다는 자기 능력에 대한 죽음의 선고를 상징합니다. 하나님과 대면하여 즐거움을 나누는 영적 세계가 열리는 길은 자신 속에는 하나님께 드릴 수 있는 것이 아무것도 없고, 더욱 하나님을 기쁘시게 해 드릴 것이라고는 전혀 없다는 서글픈 사실을 받아들일 때 비로소 가능한 것입니다. 그 때에야 참으로 그리스도의 피의 가치에 참예하게 되는 것입니다.

그런데 만일 이 사실을 부인한다면 우리는 결코 영적 세계에 들어갈 수 없습니다. 이 진리를 부인하는 자가 드리는 예배는 정신적 예배에 불과하며 하나님께 가납될 수 없는 거짓 예배인 것이 분명합니다.(사 1:11) 성서에서 말하는 성막은 이와 같은 영의 세계의 상징적 모형입니다. 즉 성막 뜰과 성소와 지성소는 우리의 육체와 정신과 영을 뜻합니다.(히 9:1) 지성소의 출입이 금지된 것은 그리스도의 피가 아니고서는 영적 세계가 열릴 수 없음을 뜻함이었습니다.

그러므로 이 새롭고 산 길인 그리스도의 피에 참여하게 되면서부터 영의 기능이 나타나게 됩니다. 곧 생명과 평안과 자유입니다.(롬 8:6, 고후 3:17) 영의 상징인 지성소 안에 언약궤인 하나님의 말씀이 있었습니다.(히 9:4) 그래서 그리스도의 피와 그의 말씀은 절대적인 연관이 있습니다.(요 6:56, 벧전 1:18-23) 정신적 예배는 영적 예배를 준비하는 과정입니다. 이를 진짜 예배라고 떠드니, 이것이야 말로 최고의 거짓입니다.(요 8:44)

양심과 종교개혁

말세라고 시대의 징조를 떠드는 사람이 많으나 말세로 느껴지는 제일 큰 문제가 바로 종교의 부패입니다. 다른 종교는 그만두고 기독교만 보더라도 지금의 교회가 문제투성이인 것을 부정할 사람은 없을 것입니다. 뜻있는 사람은 자연히 16세기의 종교개혁을 다시 생각하게 될 것입니다. 그러나 놀라운 것은 루터를 이단자로 정죄한 파문장만 보더라도 참으로 기가 차다는 것입니다. 즉 "일어나소서, 따져주시옵소서. 이 일은 당신 자신에 관한 일이며 당신이 베드로에게 주신 포도원이 들의 여우 때문에 어지러워지고 있나이다"라고 글이 시작되었으니 말입니다. 루터를 여우라고 한 그 자신이 여우 아니었습니까.

루터는 원래 결코 종교개혁을 의도하지 않았습니다. 그저 자기 양심에 따라 솔직히 고백한 것에 지나지 않습니다. 그런데 하나님께서 그 양심의 소리를 폭발시키신 것뿐입니다. 이를테면 1517년 95조의 반박문은 단지 그가 제시한 토론 제목이었지 개혁의 신호는 아니었습니다. 더욱 그 95조에 대한 변증으로 낸 『결정』이란 책은 교황에게 바쳐진 것이며, 그 편지에는 교황에 대하여 "나는 교황님이 결정하신 일은 하늘이 정하신 일이며 폐하의 소리는 그리스도께서 그 속에서 말씀하신 것으로 믿는다"라고 했습니다. 이는 그가 어디까지나 교황을 떠날 마음이 없었음을 잘 말해주고 있습니다. 그 후 또 교황 사절의 간청을 받아들여 교황 측에서만 안 건드리면 침묵을 지킬 약속도 했었습니다. 이를 보아도 그는 처음부터 개혁을 꿈꾼 혁명가는 아니었음이 분명합니다.

나는 소위 무교회주의 신앙을 가진 사람이나 결코 교회 혁명이 목적이 아닙니다. 다만 양심대로 믿다보니 이렇게 된 것뿐입니다. 이는 루터의 말대로 자기 양심에 위배되는 짓은 안전하지도 않고 또 정직하지도 않기 때문입니다. "나의 양심은 하나님 말씀에 잡혀 있나이다. 하나님이여 나를 도우소서"라고 한 루터의 말이 나의 전부임을 고백합니다.

우리의 종교와 나의 종교

종교에 두 가지가 있습니다. 우리의 종교와 나의 종교요 말의 종교와 사실의 종교입니다. 세상에서 제일 무서운 직업이 있다면 그것은 종교 직업일 것입니다. 우치무라는 종교전문가란 종교를 모르면서 종교를 말하는 자라고까지 했습니다. 이 말은 결코 심한 말이 아닙니다. 가령 요한 웨슬레의 경우만 보더라도 그렇습니다.

그는 감리교의 창설자이지만 미국으로 선교하러 갈 때만 해도 직업 종교인이었습니다. 그런데 대서양을 건너는 도중 풍랑을 만나 막상 죽음을 앞에 두니 불안과 초조의 공포를 견딜 수 없었습니다. 그 때 난데없이 배 한 쪽에서 힘찬 찬송가가 들려오는 것이었습니다. 그 순간 그는 그들을 보고 자기 신앙은 말뿐이었음을 부끄럽게 여기고 풍랑이 진정된 후 찬송했던 무리를 찾아가 보았습니다. 그들은 독일에서 온 모라비안 교도들이었습니다. 이때부터 그는 그들과 교제하면서 자기 자신의 구원에 대한 진지한 회개를 거듭한 끝에 마침내 거듭나는 체험을 하게 되었습니다. 이때가 풍랑 사건 이후 2년이 경과한 때였습니다.

우리가 종교요 복음이요 하지만 따져 본다면 이처럼 우리의 것과 내 것인 두 가지가 있습니다. 전자는 단체적이요 교리적이요 사업적인데 반해 후자는 개인적이요 사실적이요 양심적입니다. 그런고로 똑같이 기독교요 복음이라 해도 그 내용에 따라서 두 갈래로 갈리게 되기에 바울이 이를 다른 예수 다른 복음으로 구별했던 것입니다.(고후 11:4) 예수께서도 "나의 하나님 나의 하나님 어찌하여 나를 버리셨나이까"(마 27:46) 하셨으며 바울 역시 "오호라 나는 곤고한 사람이로다. 이 사망의 몸에서 누가 나를 건져내랴"(롬 7:24) 하였으니 이처럼 참 종교는 우리의 것이 아닌 나의 것입니다.

이것이 사실일진대 신앙에 무슨 의식과 절차, 조직, 통계 등 다른 자랑과 선전이 필요하단 말입니까. 설사 전 세계가 반대한다고 해도 나는 믿을 뿐 죽을 때까지 멈출 수 없는 길입니다. 그러나 우리의 종교에는 모든 것이 있어도 자유가 없습니다. 참 자유는 사망에서의 자유와 해방이기에 그리스도밖에 아무도 주지 못합니다. 그곳에만 참 평안 참 기쁨이 있으니 그리스도는 약동하는 생명이기 때문입니다.

우리의 종교 와 나의 종교 　(로오마 一-二二)

종교에는 두 가지가 있다. 우리의 종교와 나의 종교이다...

백 원짜리 양심

오래간만에 서울에 있는 교우를 만났습니다. 그가 다니는 교회는 현재 칠백 명이 넘는 교세로, 예배당을 증축해야 할 형편이라 합니다. 형무소, 고아원, 양로원 또는 지방교회 개척 등등 눈부신 활동을 은근히 자랑하면서, 기독교 신앙에는 교회가 절대 필요함을 강조하는 것이었습니다.

이야기를 들으며 한 가지 기이하게 느낀 일은 교우들을 점심 대접하기 위해 2백 원짜리 식사를 제공했더니, 돈은 안내고 먹기만 해서 결국 그 제도를 중지했다는 이야기가 있었습니다. 또 하나의 문제는 직분자를 뽑으면 직분에서 낙선된 사람은 교회에 안 나오니 골치란 말도 있었습니다. 그리고 자율적인 헌금으로는 교회가 유지되지 않더라는 경험담도 들었습니다.

나는 이 이야기 속에 한국 교회의 이면이 여실히 드러나고 있음을 보았습니다. 하나님의 자녀는 권세가 있다고 했는데, 왜 한국 교회는 이런가 생각이 미치니, 새삼 복음의 변질에 대해 비통한 감정을 누를 수 없었습니다. 헌금은 자랑하되 자기 먹은 밥값은 안 내도 되는 무관한 양심, 감투가 있어야만 체면이 유지되는 신자, 자발적으로는 아무것도 못하는 직원. 이가 과연 그리스도의 교회입니까. 교인 수는 늘어나고 건물은 커져가지만 말입니다.

일찍이 덴마크 개혁자 키에르케고르는 "참 그리스도인은 순교자 예수를 따르는 자로 거짓된 이 세상과 싸우며, 모든 일을 진리로 변혁시키는 자요, 거짓 신자는 영광된 예수를 찬미하여 교회 권위를 찬탈하고 그 속에서 자기 영달과 안전을 도모한다"라고 했습니다.

교회 지도자의 눈에는 칠백 명 만 보이고 이백 원짜리 양심은 안 보이는 모양입니다. 만일 그에게 기드온처럼 하나님의 신이 함께 하셨다면 칠백 명이 줄어서 칠십 명이 되더라도 권세 있는 양심적 참 신자를 길렀을 것이 아닌가 하는 아쉬움을 금할 수 없습니다. 사업 사업, 대강 대강, 빨리 빨리 하는 이 한국 풍토 속에서 교회마저 이렇다면 어디에 소망이 있겠습니까. 실로 사탄의 눈은 큰 것을, 하나님의 눈은 지극히 작은 것을 보시나니,(렘 45:5, 눅 16:10) 이제는 기독교 아닌 그리스도를 믿을 때입니다. 그들만이 바알에게 무릎을 꿇지 않습니다.(롬 11:4)

말씀의 권능을 막을 자 누군가

성경의 진리는 피로 지켜지는 일이 많습니다. 나봇의 피가 그것이요(왕상 21:13) 스데반의 피가 그것입니다.(행 7:58) 나봇이 순교한 것은 나봇 자신의 순교가 아닙니다. 그것은 나봇이 믿은 성경의 순교요,(레 25:23) 스데반 역시 스데반 자신보다 그가 끝까지 붙든 말씀의 순교였습니다.(사 66:1) 만일 그들이 말씀을 버렸다면 박해는 받지 않았을 것입니다. 이와 같이 말씀의 권능은 죽음도 무릅쓰는 최고의 강한 무기입니다.(히 4:12) 그러므로 사탄은 말씀의 힘을 무디게 하고자 전력을 기울이는 것입니다. 그래서 말씀보다 교회를, 말씀보다 목사를, 말씀보다 기적을, 말씀보다 사업을 높이도록 합니다. 사탄은 말씀을 견디지 못하기 때문입니다.

말씀을 이용하는 것이 사탄의 전략이요, 말씀에 이용당하는 자가 성신입니다. 그러므로 말씀을 이용하는 자는 거짓 선지자가 되고, 말씀에 이용당하는 자는 순교자가 되게 마련입니다. 거짓 선지자는 굴을 만드는 여우요,(겔 13:4, 눅 9:58) 참

포도원을 들포도원으로 만드는 자입니다.(아 2:15, 사 5:2) 이에 반하여 순교자는 말씀만을 높이게 되니, 점점 길은 좁아지고(마 7:14) 기도도 안 되며,(마 26:54) 마침내 자기 피를 흘리는 단독자로 십자가를 지게 되는 것입니다.(마 16:24) 나봇도 혼자요, 스데반도 혼자였습니다. 집단의 십자가가 아닌 단독의 십자가를 능히 감당할 수 있는 권능이 말씀 속에 있기에, 진리는 단체를 통해서가 아니라 단독자를 통하여 유지됩니다.(렘 5:1)

생명의 본질은 단독에 있습니다. 하나님도 단독이요(사 63:3) 주님도 단독이셨습니다.(요 16:32)감람나무도 단독이요, 무화과나무도 단독입니다. 조직이 아니면 맥을 못 추는 것은 바벨탑의 가시나무입니다.(삿 9:9, 15) 귀 있는 자는 예레미야의 탄식을 들을 것입니다.(렘 5:30-31)

동지를 구하지 말자

사람의 길과 하나님의 길이 다르다는 것은 얼마나 큰 위로입니까.(사 55:8) 사람들의 생각은 많이 모이면 성공인 줄 알고 기뻐하지만, 하나님 보시기에는 오히려 그와 반대인 경우가 많습니다.(마 23:15, 출 23:2) 사람은 외모를 보지만 하나님은 중심을 보십니다. 그러므로 사람이 보는 천 명이 하나님이 보시는 한 사람만 못할 때가 있습니다.(수 23:10, 삼상 16:7)

다윗왕은 소년 시절 믿음이 순수하였을 때 자기 혼자서 블레셋 대장 골리앗을 능히 이겼습니다. 그러나 늙어서는 사탄에게 속아서 하나님보다도 사람의 숫자를 의지하였습니다. 그리하여 말년을 아름답게 장식하지 못하고 문제 많은 생애를 보냈습니다.(삼상 17:40, 삼하 24:1) 하나님은 역사를 일으킬 때, 사람의 숫자를 늘리시기보다 도리어 줄이시는 경우가 많습니다. 기드온의 용사 3백 명의 길이 우리들 십자군의 갈 길이 아니겠습니까(삿 7:2)

당초의 동지가 백분의 일로 줄지라도 결코 낙심치 않는 담대한 믿음, 하나님만 우리 편이시면, 사람은 천분의 일, 만분의 일로 줄어도, 반드시 승리는 우리 편이라는 믿음, 이것이 세상을 이기는 믿음이요, 주님의 믿음입니다.(요일 5:5, 요 16:32) 이것은 약한 듯이 보입니다. 그러나 실로 하나님의 약함이 사람보다 강하며, 하나님의 적음이 사람보다 많습니다.(고전 1:25, 왕하 6:16, 대하 32:7)

사람이 이기는가 하나님이 이기는가, 문제는 이것입니다. 교회나 사람을 믿으면 그만큼 하나님의 힘이 약해지며, 사업이나 행위를 의지하면 그만큼 십자가의 피는 약해집니다. 하나님 외에는 내게 동지가 없다고 믿을 때에, 비로소 하나님은 동지를 보내주십니다. 영원한 동지를 말입니다.(롬 11:4)

성서냐 전도냐

영국 종교개혁의 선구자 존 위클리프(1320-1384)는 "성경에 기록된 말씀과 교회의 주장이 일치하지 않을 때엔 성경을 따라야 하며, 양심과 인간의 권위가 충돌할 때는 양심에 순종해야 한다"고 말했습니다. 실로 전도자에게 있어 성경을 따르느냐, 전도 사업 때문에 교회를 따르느냐 하는 문제는 결코 작은 문제가 아닙니다.

내가 20년 전 목회하던 감리교회가 현재는 감리교회, 장로교회, 독립교회로 갈라졌습니다. 감리교회에 남아있는 사람들은 지금도 나를 잊지 못하고 다시 감리교회로 들어와 달라고 간청하기도 합니다. 나는 그들의 요구를 거절하기 전에 한 가지 질문을 했습니다. "만약 성경과 감리교 교리가 충돌할 때 어느 편을 따라야 하겠느냐?"고. 이 질문에 대한 교인들의 태도는 세 가지로 나타났습니다. ①어느 편이 옳은지 어떻게 압니까? ②감리교의 법대로 해야지요. ③은 아무 대답이 없었다.(대답이 없는 편은 성경대로 따르자는 의견일 것이다.)

그들이 나를 필요로 하는 이유는 말씀의 기갈 때문인데, 나더러 말씀보다 교회의 법을 따르라 하니 될 수 있는 말이겠습니까? 또는 그런 것을 따지지 말고 모르는 척하고 들어와 일만 하라니, 그런 방식으로 하는 것이 과연 전도인지 나는 도저히 이해가 안 됩니다.

야훼의 사자의 칼을 무시했던 발람 선지자는 그의 말로가 비참했고,(민 22:31, 31:16, 유 1:11) 전도 사업은 많이 했으나 주님께는 버림을 당한 선지자가 많은 반면,(마 7:22) 하나님의 궤를 실은 수레를 끄는 암소는 자기 송아지를 떼어놓고 울면서 벧세메스로 가야만 했습니다.(삼상 6:12) 순종이 제사보다 크며(삼상 15:22) 전도 사업보다 더 큰 사업이 믿음임을 알아야 할 것입니다.(요 6:29, 마 6:33)

예배의 비밀

제사의 변질이 살인으로까지 이론 가인의 예처럼,(창 4:5) 오늘날에도 예배의 변질이 교인들의 무기력과 탈선의 최대 원인이 되고 있습니다. 산 제사를 드릴 사람이 죽은 제사를 드리고 있고,(롬 12:1) 신령과 진리로 드려야 할 예배가 아직도 형식적인 인간적 예배로 그치고 있습니다. 구약시대의 장엄한 제사들은 그 엄격한 조건들에도 불구하고 인간의 양심에는 아무런 효력을 미치지 못하고 항상 선지자들의 공격 대상이 되었습니다.(사 1:11, 미 6:6, 말 1:10) 오늘날에도 장엄한 예배당에서의 주일 대예배, 오후예배, 수요예배, 구역예배 등 그 재판再版이 그대로 반복되고 있습니다.

예수가 이 땅에 오신 것은 이러한 제사의 개혁을 위해서입니다.(히 7:12) 즉 새롭고 산 길을 자기 몸을 희생시켜서 개척해 주셨으니, 그것이 만민의 복음이요, 인류의 구원인 것입니다. 그래서 이제는 성전이 변하고, 제사장도 변하고, 제물이 필요 없게 되었습니다. 누구나 어디서나 언제나 만족한 기쁨으로 감사의 찬미를 드리는 것을 예배로 하나님이 받으시게 된 것입니다.(엡 3:12, 히 13:15) 이는 그리스도 자신이 제물이시요(요일 4:10) 천국문이시기에,(요 10:9) 그 외에 다른 조건이 절대 있을 수 없는 것입니다. 이것이 신약의 은혜요, 복음의 비밀입니다.

과연 그리스도는 하나님의 비밀입니다. 이 비밀을 알게 된 자여 이 절대 자유의 해방 때문에, 이제는 자발적으로 순종하는 산 제물로 자신을 바치게 마련입니다.(고전 4:1-2) 계시의 은사는 바로 이 비밀을 알게 하시는 축복입니다.(마 11:27)

멜기세덱

나는 기독교 복음 신앙에 있어서 성숙한 신앙을 해결하는 말씀은 오직 신약 성경의 히브리서라고 믿습니다. 히브리서를 통과하지 않은 복음은 결국 모두가 부분적 진리로 결정적인 중심 진리가 못되기 때문입니다.(히 1:12) 그래서 만년 초보신 앙으로 성장이 안 되는 것입니다.(히 5:13) 그 결과 성령을 받고도 타락하고 안수를 받고도 어린애 노릇을 하게 됩니다. 그 원인은 바로 멜기세덱을 모르기 때문입니다.(히 5:11) 멜기세덱은 아브라함을 축복한 인물로 의의 왕 살렘 왕입니다. 그는 시작도 없고 끝도 없으며 왕이며 동시에 제사장이니, 이는 바로 그리스도의 예표 상징입니다. 그 같은 신앙자는 항상 승리의 표시로 찬미의 제사를 하나님께 드릴 수 있게 됩니다. 이가 곧 새롭고 산 길로 가는 그리스도인입니다. 그러므로 새 길을 가는 자에게는 새 생명의 영광이 허락되는 법입니다. 즉 새 노래의 주인공이요 새 힘의 소유자로 참 자유를 누리니, 새로운 피조물이 된 증거가 넘치게 되는 것입니다.(눅10:20, 마

7:22)

　멜기세덱은 평강과 의, 두 가지 왕이며 또 떡과 포도주가 넘
치는 영원한 제사장입니다. 마치 그리스도께서 제물이자 제
사장이 되신 것처럼 두 가지를 구비한 증거는 영원한 효력을
가지게 됩니다.(신 17:6) 그래서 멜기세덱 진리는 요동함이 없
는 것입니다. 그것은 마치 풍랑 속에서도 그리스도께서는 주
무시는 그 평강과 같습니다.(막 4:38, 골 3:15) 그리스도인이 항
상 기뻐하는 찬미의 제사장 됨은 찬미가 피조의 성공 표시이
기 때문입니다. 그래서 예수님 또한 찬미지파인 유다지파인
것입니다.(히7:14, 창 29:35) 새 언약은 새 믿음으로 통합니다.
이것은 하나님 계심을 믿을 뿐 아니라 상 받음을 믿는 것입니
다.(창 15:1) 이처럼 멜기세덱 진리는 넘치기에 원수 사랑이 됩
니다. 지금 넘치지 못하는 것은 그가 바로 다른 복음인 증거
입니다.(요4:14, 갈1:8)

멘 기세덕 (히ㅣ-二0)　　　98. 11. 14 ― 사ㅣ二듵ㅣ0 ―

기독교복음신앙에 있어서 성숙한 신앙을 해결하는 말씀은 오직 신독성격 히브리서라
고 나는 믿는다. 히브리서를 통과하지 않고 복음으로 결국 모두가 부분적 진리로 서경정
리신 중심진리가 못되기 때문에 (예) 구약시대 초보신앙의 지성장을 불가는으로 되었다.(제ㅣ3)
구역과로 서경을 받고 못하라 하고 안을을 받고도 어린 노릇이 되나 (히ㅣ-4) 그런신 이므로

멀기 서덕을 몰라서다. (히ㅣ=) 멀기 서덕 우아 부르람으로 축복한 이 물로의 대표 살상이기에 그 신앙자는 향상
그는 지차도 없고 끝도 없으며 왕되신 세상이니는 남모 구드으로의 대표 살상이기에 그 신앙자는 향상
스승의 표시로, 찬미의 제사물하나님께 드릴 수 있게 된다 (히ㅣ) 이가 곧 새 동 구산 길로 간는
기독 자손의 (히브리방) 권능으로 새권을 가논 자이기에 새생명의 외광 영원토로 누렸되 (롱ㅣ6) 숭생 모
래의 주구 있으오 (복人) 서경의 소유자로서 찬자 유을 누리니 (요ㅣㅣ=) 새로운 피조물 된 증거
로서 이름이 전국에 독 동신 된 (요개ㅣ) 그리움을 박어야 구성 안에 전부 잡아 이상으로 가는사
가 남께 지 된다 (녹ㅣㅣ-22) 멀기 세덕우 (아갈의 의두자 왕되며 또 떠기 포로 주가 남지 는 상제 왕상
에, (창ㅣ4) 기는 마치 그리스도께서 제 물 의 자제 사장되시 치렷처럼 이감으로 두가지를 구비한
리온은 (창ㅣ5=) 그래서 멀기 세덕 진이는 효종의 있노겠이다
중거는 영원한 효력의 발동 된다. (히ㅣㅣ) 그래서 멀기 세덕 진이는 효종이 있노겠이다
그것은 마치 못난 속에서도 그리스도는 주물사는 그렇강이다 (멀릅물르) 기독자라나 7개 하는
찬미제사장 됨은 찬미가 지족성 있는 서예수 찬 미자의 의유나 (사ㅣ41
새생둑는 새민음으로 톡 한다. (히ㅣ8) 라나님 접심 흐면을 폐안 나라 신을을 믿는 것이다
(요四사 깐(8))

(히팍럼 기 서덕 진리는 남자기 거원 수락이 되다 (마ㅣ 잡 남 천지못된ㅣ큰 구자 바로 다 르 복드 준즤이다

무엇을 위한 믿음인가

　신앙은 자기 마음으로 믿는 것이므로 성격상 각인각색입니다. 누구나 입으로는 믿음이라 해도 그 내용은 실로 천차만별이 아닐 수 없습니다. 그래서 다른 것과 달라서 신앙만큼은 집단적으로 강요할 수 없습니다.(마 18:19-20) 기독교만 하더라도 그 신앙의 동기가 여러 가지입니다. 즉 국가를 위한 신앙, 민중을 위한, 교회를 위한 신앙 또는 지역 사회 때문에 그리고 자기 자신 때문에 등이니 이것은 모두가 어떠한 이익을 위해서입니다.

　그러나 엄밀히 따지면 이것은 기독교가 아닙니다. 왜냐하면 기독교는 자기 죄의 해결이 근본이니 예수란 죄에서의 구원이란 뜻이요, 이 구원이 해결된 곳에 임마누엘이 있기 때문입니다.(마 1:21, 23) 이것이 기독교의 전부이니 이 외의 것은 모두 무너지고 변합니다. 그것들은 모래 위에 지은 집이기 때문입니다.(마 7:26) 그래서 자기 죄에서의 구원에 대한 감사 아닌 다른 것들을 자랑하는 무리는 예수와는 상관없는 자입니

다.(마 7:23)

이처럼 자기 죄에서 출발한 믿음은 처음부터 타인의 협조를 기대함이 없습니다. 그러므로 타인에 대한 시비나 원망이 전혀 없습니다. 그는 자신의 죄 해결이 신앙의 전부이기에 기독교에 사랑이 없다느니 또는 기독교도 종교의 하나요, 모든 종교가 궁극에 있어서는 하나라는 등의 무책임한 발언을 할 수 없게 됩니다. 왜냐하면 그 자신에게 있어서는 기독교가 절대 종교로, 그리스도의 십자가를 떠나서는 자기 죄의 해결이 없기 때문입니다. 그런 의미에서 죄 많은 곳에 은혜가 넘치는 것이 기독교의 진리인 것입니다.(마 9:13, 롬 5:20)

오늘날 모든 사람이 믿음 믿음 하면서 천 명이 넘어지고 만 명이 쓰러짐은 그들의 신앙이 자기 죄에서 출발하지 않은 까닭입니다.(시 91:7) 즉 큰 문으로, 넓은 길로 가기 때문이니 그곳은 생명이 없는 곳입니다. 생명은 사망(죄)의 반대로 죄에서의 구원, 해방이 특색이기에 문은 좁아지고 길은 협착합니다. 절대의 길이기 때문입니다.

거름더미 복음

기독교의 생명은 교회에 있지 않고 거름더미에 있습니다. 거름더미는 아무짝에도 못 쓸 것을 마지막으로 버리는 곳입니다. 이제 남은 일은 불에 태우든지 땅속에 파묻어 버리는 것입니다. 이처럼 쓰레기통 같은 인생의 거름더미가 바로 기독교의 본무대입니다.(삼상 2:8) 즉 무능한 자로 무명한 자요, 무자격자인 인생 낙오자 죄인들이 모인 그곳에 그리스도는 비로소 나타나십니다.(벧전 5:5) 그리스도 자신은 그것들을 어떻게 하든지 신생, 부활, 재생시키는 까닭에 온 천하에 예수만이 구주요, 참 하나님이십니다.

이는 당신의 온 생명을 희생해서 역사하시므로 결코 실패가 없는 진리입니다.(고후 8:9, 렘 32:27, 41) 이 세상에는 그리스도의 사랑의 대상이 되지 못하는 사람은 존재하지 않습니다. 나 같은 것은 주님께서 외면 실망하시겠지 하고 낙심하고 있는 그 사람이 사실 주님께서 가장 기다리시는 사람입니다. 이는 마치 중환자를 기다리는 인자한 의사의 마음 그것과 같

습니다.(마 9:13, 사 49:15)

　우리는 때로 내 처지, 내 사정은 몰라주시리라 하면서 스스로 자학의 함정에 빠지기 일쑤입니다. 그러나 주님은 우리의 체질을 잘 아시므로 우리의 실패 이상 더 큰 사랑, 더 큰 열심으로 기도하고 계십니다.(시 103:14, 히 7:25) 이처럼 주님의 사랑을 못 받는것이 불행이 아니라 도리어 받고 있으면서도 못 믿는 불신앙이 제일 큰 독소입니다.(사 40:27, 요 8:24)

　그리스도의 눈은 결코 예루살렘의 성전에 있지 않고, 거름더미에 쏠리고 있습니다. 그리하여 호흡이 있는 것 하나로 야훼를 찬양하고 항상 찬미의 제사가 가능한 것입니다.(시 150:6, 히 13:15) 거름더미를 떠난 천국은 없나니 하나님 앞에서 사실은 모두가 거름더미입니다. 천국의 초대 조건은 믿음뿐이요, 감사 이상의 하나님의 영광은 없습니다.

그리스도인

누구든지 그리스도의 영이 없으면 그리스도인이 아닙니다. 세례, 안수, 집사, 장로의 여러 가지 형식과 외모를 갖추었다 해도 말입니다. 그들은 그리스도와는 상관없는 자들이니 그곳에 그리스도의 영이 없기 때문입니다.(마 7:23)

그리스도의 영은 생명과 평안으로 나타납니다.(롬 8:6) 그리스도의 영은 자유이므로 사망에 대한 자유가 곧 생명이요, 불안에 대한 자유가 곧 평강입니다. 진정한 하나님의 자녀는 이 생명 때문에 항상 하나님의 일을 해야만 만족을 느낍니다. 이것은 바울의 말처럼 믿음으로 하지 않는 일, 즉 하나님의 일이 아닌 것은 죄를 짓는 상태이기 때문입니다.(롬 14:23) 그리스도는 이 문제를 완전히 해결해 주셨으니, 즉 하나님의 일이란 그저 그리스도를 믿는 일 뿐 그 외에 다른 것이 없기 때문입니다.(요 6:29)

우리들은 항상 마귀에게 속아 착각하기 쉽습니다. 착각 중 큰 것은 하나님의 일 자체와 그 열매를 혼동하는 것입니다. 마치 모터가 전기의 힘으로 움직이니 힘 자체는 전기인데도 불구하고, 돌아가는 모터가 힘인 것으로 착각하는 것처럼 말입니다.

하나님은 안 보이시므로 하나님의 일도 볼 수 없습니다. 다만 그 결과가 각양각색으로 나타나서 전도, 구제, 기도, 봉사, 십자가의 생활로 나타날 뿐입니다.(롬 12:3) 그래서 하나님의 자녀는 모두가 차별이 없는 권세자요, 왕자요, 제사장이 되므로 이 만족한 생활 자체가 소금과 빛의 역군이 되는 것입니다.(요 1:12, 계 5:10, 마 5:13, 14) 또 그리스도의 영은 평강의 능력으로 나타납니다. 부활하신 그리스도께서 불안과 공포에 떠는 제자들 속에 나타나셔서 '평강'을 선포하신 것처럼,(요 20:19) 그리스도의 부활의 능력에는 사망도 음부도 제지하거나 방해할 수 없는 하나님의 평강이 따릅니다. 그래서 그리스도인은 일마다 때마다 평안할 수 있는 것입니다.(요 14:27, 시 119:165, 살후 3:16, 골 3:15)

이처럼 항상 하나님의 일을 하고 있으니 절대 만족자요, 하나님의 평강에 사니 절대 감사자, 이가 곧 그리스도인입니다.(히 13:15) 그리고 이는 오로지 그 속에 있는 그리스도의 자유의 영의 승리인 것입니다.(고후 3:17)

복음의 세계대전

복음은 전투입니다. 사탄에 대한 싸움이요, 전 세계에 대한 싸움입니다.(딤전 6:12) 복음이 글자 그대로 아름다운 소식을 전하는 기쁜 일인데도 어째서 전쟁이 되느냐 함은 인간은 나를 포함해서 그 근성이 복음을 좋아하지 않게 되어 있기 때문입니다.(롬 1:16) 태어나면서부터의 인간은 사탄의 종으로 그가 추구하는 것은 어디까지나 이 세상의 축복이며 육의 일입니다. 그러므로 그가 제일 싫어하는 것은 죽음이요, 손해요, 단독입니다. 따라서 하늘의 진리인 복음 즉 죽음을 환영하는 것을 그가 좋아할 까닭이 없습니다. 만일 그가 좋아하는 복음이라면 이는 오염된 이질적인 것일 뿐입니다.(고후 11:4, 갈 1:6)

이것을 한번 구체적으로 생각해봅시다. 복음은 전도자를 통해서 전파되는데 전도자의 위치가 정상적인가 아닌가에서 복음의 성격이 귀정됩니다. 바울의 말대로 전도자란 신자를 일생 동안 가르치는 지도자가 아니라 중매인입니다. 그는 신자를 하루 속히 독립하도록 신랑 예수를 똑바로 중매해야 됩니다. 예수는 사상이 아니라 진리요, 정신이 아니라 생명입니다. 그러므로 그를 소개하는 전도자는 그와 같은 체험자라야 확실한 증인이 됩니다.(행 1:8) 그런 까닭에 엄밀한 의미에서 전도자의 자격은 신학도 어학도 아닙니다. 그 자신이 구원받은 산 체험이요 복음 즉 기쁜 소식이 사실이라면, 어떠한 고통 속에서도 좌절하지 않는 참 기쁨의 소유자라야 합니다. 따라서 그는 세상의 모든 고난 속에서도 행복을 자인하는 자라야 합니다.

그런 뜻에서 그는 전 세계와 싸우는 세계대전의 주인공입니다. 즉 어떠한 역경에도 견디고 어떠한 오해에도, 어떠한 손해와 어떠한 능욕 어떠한 천시에도 견디는 것입니다. 다시 말하면 건축자의 버린 돌이 되어야 비로소 집 모퉁이의 머릿돌이 되는 것입니다.(시 118:22) 하늘 보좌를 버려 세상을 이긴 예수가 산 돌의 왕인즉(요 16:33) 세상에서 버림받은 복음 제사장이라야 작은 산 돌 아니겠습니까.(벧전 2:4-5)

복음의 세례대전 (복음론1~(2))

복음은 전투다 사단에 대한 싸움이요 전세계에 대한 싸움이다 (엡전6:12) 복음이 율자 시대로 아
금성이 복음으로 줄 안 자지 않게 되었었기 때문이다 (롬6:12) 어찌저 전쟁이 되는 자 함을. 나면서부터의 이 싸움에 좋으로 그가
근성이 복음으로 전하는 김분 영이 되는데도 (롬8:12) 어찌저 전쟁이 되는 자 함을. 나면서부터의 이 싸움에 좋으로 그가
추구하는 것은 어디까지나 이 세상의 축복이며 육의 안이다. 그런고로 큰게 알고 하는 것은 그 자 좋
죽음이요 순해요 단독이다. 따라서 하늘의 진리인 복음은 죽음을 소리 한 결과 하는 것을 그 자 좋
안한 잠잘이 없다. 만일 그가 좋아하는 복음이라면 인은 옛번 된 이질적인 것 임뿐이다 (고후1:20)
이것을 한번 구체적으로 생각해 보자. 복음 우선 도를 통해서 진하 되는데. 전도자의 위치가
정상적인가 아닌가에서 복음의 성격이 결정된다. 방울의 말대로 전도자란 신자를 양성 동안
가르치는 지도자가 아니라 주매인 인고로. 근본 신자를 하루 속히 독립화 도록 시 양예수
를 도움 바로 주매해야 된다. 엣수는 세상에 아니라지리요 정신 아니라 생명이다. 그런고로 를
소개하는 전도자는 근자신 그와 같은 천형자 되어야 학살 할 줄이 되는 것이다 (행. 18) 근자 할
에 었만한의 미에서 전도자의 자격은 신화에 아니라 구원 받은 산 체험이요
복음 즉 김분 소식 이 사상이 아닌 실 이라면 그 자신이 어떠한 고통 속에서도 좌절 안하는
참 김분의 소유자여야 한다. 따라서 그는 세상의 모든 그 속 에서도 행복을 찾을 수 하
는 자여야 하고. 곧 그런 뜻에서 근 전세계와 싸우는 세계 됐던의 주인공이다. 즉 어떠 여경에도
것이고 어떠한 오해에도 어떠한 손해 어떠한 능욕 어떠한 천시 다시 말하면 전축사자의 말리도
이 되어야 비로서 진 복음의 왕이 즉 (효3) 세상에서 바람 받은 복음 전사 자이어야 적은 산들 아니겠는가 (붓전)
예수가 산들의 왕이 즉 (효3) 세상에서 바람 받은 복음 전사 자이어야 적은 산들 아니겠는가 (붓전)

94. 6. 4 ——복음1——

중간에 막힌 담

사탄은 인간과 하나님을 이간시키는 자이며 성령은 이와는 반대로 죄인인 인간을 하나님 앞으로 회복시켜 결합시키는 역할을 하는 분입이다.(고후 5:18) 그러므로 주의 영이 계신 곳에는 참 자유가 있습니다.(고후 3:17, 요 8:36) 인류의 첫째 아담은 범죄의 결과 에덴 낙원에서 추방되었습니다. 그러나 둘째 아담인 그리스도는 우리를 낙원으로 복귀시키기 위한 화목 제물로 오셨으니,(고전 15:22, 요일 4:10) 우리와 하나님 사이에 막힌 모든 장벽을 제거하러 오신 것입니다.(마 1:21) 즉 가장 큰 장벽인 죄와 사망의 벽을 당신의 십자가의 피로써 소멸하셨고,(롬 8:2, 히 9:22) 율법의 장벽을 부활로 무너뜨리셨습니다.(롬 4:25) 이와 같은 사실은 거룩과 속됨의 장벽의 상징인 예루살렘 성전의 휘장이 찢어졌던 것으로 나타났습니다.(마 27:51) 그러므로 이제는 우리와 하나님 사이에 어떠한 장벽도 있을 수 없고 새롭고 산 길이 열린 것입니다.(히 10:19, 20) 하나님은 우리의 주인일 뿐 아니라 그 이상 아버지가 되셨고,

우리도 그의 종 이상 아들이 되었습니다. 이러한 부자 상봉의 임마누엘 진리가 실현되었으므로 인간이 비로소 권세 있는 자기 본 위치를 찾은 것입니다.(요 1:12, 마 1:23, 계 21:7)

그렇지만 사탄은 이 엄청난 사실을 은폐합니다. 게다가 다시 의식과 계급으로 담을 만들고 또 하나님의 말씀을 떠난 기도를 믿게 해서 복음을 변질시킵니다.(고후 11:4, 잠 28:9, 렘 6:10) 이에 대해 하나님은 바울을 일으켜 복음의 말씀을 주셔서 신앙을 무장하게 하셨습니다.(엡 6:17) 또 성령의 기도만이 영원한 능력임을 온 천하에 천명하여 사탄의 남은 벽마저 무너뜨리십니다.(롬 8:26, 히 7:25)

이제 그리스도인은 누구나 임마누엘이니(고후 5:19, 골 1:19) 누가 우리를 그리스도의 사랑에서 끊겠습니까? 그리스도인은 새로운 피조물입니다. 이처럼 임마누엘이 아닌 자는 그가 누구든 휘장을 다시 만드는 적그리스도임을 알아야 할 것입니다.(히 10:29)

유사품 기독교

인류의 최후 문제는 결국 양심문제입니다. 이에 대한 해결 없이는 아무것도 해결이 될 수 없으니 모든 일의 귀착은 결국 종교 문제요 진리 문제입니다. 그리고 이에 대한 해답이 바로 예수 그리스도요 기독교 진리입니다.(요 14:6, 행 4:12) 이처럼 기독교가 최후의 결정적 진리인 까닭에 기독교에 유사품이 등장하게 되는데, 이는 마치 귀중한 물품에 유사품이 쏟아져 나오는 것과 같은 이치입니다. 그러니 이제는 기독교의 유사품을 가려내야 할 때입니다. 즉 복음과 다른 복음이 있다고 바울 사도가 이미 2천 년 전에 갈파했으니 다른 예수요 다른 영들입니다.(고후 11:4, 갈 1:8)

오늘날 한국 개신교의 교파가 94개요 장로교만도 52개라고 합니다. 이처럼 복잡한 교회 문제에 속지 않으려면 기독교의 초점이 무엇이며, 복음의 핵심이 무엇인지 분간해야만 합니다. 복음의 핵심은 한 마디로 그리스도 안에 있는 양심 즉 온전한 양심입니다.(히 7:11) 즉 참 진리는 인간 양심을 온전케 하나 비진리는 외모는 화려하게 자랑해도 그 양심을 온전케 하지 못합니다. 이는 그 진리가 부분적인 진리인 까닭입니다.(히 9:9) 여기에 오늘날 한국 교회가 수술을 받아야 할 이유가 있고 회개해야 할 숙제가 있는 것입니다.(렘 5:30-31) 무슨 교회, 무슨 교회라고 판을 치고 떠들지만 그리스도의 복음에 복종치 않는 까닭에 양심이 온전치 못한 교회로 되었으니,(딤전 1:19) 후세의 역사 심판을 어찌 피할 수 있겠습니까.(살후 1:8, 벧전 4:17)

그렇다면 온전한 양심이란 어떤 것이겠습니까. 그것은 한 마디로 버릴 것 없이 모든 것이 진선미로, 감사로 소화되고, 만사가 거룩으로 만족한 양심입니다. 그는 양심에 갈등이 없는 자로, 죽음도 환난도 곤고도 실패도 그를 방해할 수 없습니다. 그래서 그는 항상 빛나는 하나님의 등불로 존재하는 산 제물이 됩니다.(살전 5:18, 잠 20:27, 롬 8:35, 12:1) 참 생명이란 시간과 공간의 제한을 받지 않는 그리스도의 영의 생명이므로 그곳에는 참 자유가 있습니다.(고후 3:17, 요 8:36) 이에 반해 거짓 자유자인 악인의 등불은 꺼져서 평강이 없습니다.(잠 24:20, 사 57:21) 이와 같이 그리스도 복음의 핵심은 교회가 아니고 양심입니다.(히 9:13-14) 교회는 생겨도 양심이 생기지 않는다면 이는 분명 인류를 망치는 적그리스도 아니겠습니까.(마 24:24)

한국에는 삭개오도 없단 말인가

　성한 사람은 성한 대로 갈 길이 있고 신체 장애자의 갈 길은 따로 있으니 전자의 길은 약육강식과 생존경쟁의 길이요, 후자의 길은 진리로 사는 믿음의 길입니다. 그런고로 사람의 외모를 보지 않으시고 중심을 보시는 하나님 앞에서는 먼저 된 자가 나중 되고 나중 된 자가 먼저 될 수 있습니다. 실로 인생은 공평하다고 할 수 있습니다.(마 20:16) 예수께서는 병든 사람에게만 의원이 필요하듯이 의인을 부르러 온 것이 아니라 죄인을 살리러 오셨다 하셨습니다.(마 9:12) 키가 작은 삭개오는 보통 사람이 생각하지 못하는 방법으로 예수를 영접했습니다. 그 덕분에 그 큰 사랑에 감격한 나머지 이번에는 타인이 흉내 내지 못할 큰 자비를 동족에게 베풀었으니, 이것이 바로 복음의 결실입니다.(눅 19:1-10) 일본의 맹인 아끼모또 씨는 점자 신구약성서를 출판했고 빛의 집이란 복지시설을 만든 분인데, 그의 말년(71세)의 고백으로 성경의 말씀을 들어 말했습니다. "만일 그 때 베드로와 요한이 약간의 돈만 주었더라면 그것으로 그는 가서 써 버리고 먹어치웠겠지요. 그러나 나사렛 예수 이름으로 걸으라고 일으켜 준 덕분에 그는 새로 살게 됐습니다. 장애자의 문제도 모두 그런 게 아닐까요. 정신을 어떻게 하느냐 그것이지요. 맹인이라도 자기만이 할 수 있는 일을 왜 안 하느냐 이것입니다. 이것이 중대합니다."고 했다고 합니다.

오늘날 기독교는 빈틈없는 조직과 방법으로 번창해 가는데 그것은 어디까지나 성한 사람들을 기준으로 된 것입니다. 여기에 삭개오가 낄 수 없고 소외당함은 당연한 일입니다. 그런데도 아직 그 속에 미련을 두고 기대한다는 것은 어리석은 일입니다. 이제라도 삭개오는 생수의 근원 되시는 하나님과 직결되는 새롭고 산 길을 찾아야 합니다.(렘 2:13, 히 10:19, 20) 그리스도의 뼈 중의 뼈, 살 중의 살로 정절을 지키는 독립의 길을,(창 2:23, 계 14:4) 성령님의 내주하시는 산 집으로서 생명이 약동하는 지성소가 되는 길을 찾아야 합니다.(고후 6:16) 그 결과 그에게서 나오는 감사의 찬송은 실로 타인의 천 배에 해당하는, 우주를 진동시키는 하나님의 권능이 될 것입니다. 그는 이로써 모든 고난과 역경을 뚫고 나갈 수 있는 것입니다.(시 84:10, 수 23:10, 삼상 2:8) 이와 같은 산 찬송과 산 감사를 목격할 때 기성 교회들도 회개하게 됩니다. 이것이 기독교

의 정석이요 십자가의 복음 전도입니다.(고전 1:18-31). 문제는
복음입니다.

빼앗기지 않는 것은 하나뿐이다

믿음에는 선한 싸움이 있습니다.(딤전 6:12) 선한 싸움이란 절대로 양보해서는 안 되는 것을 간직하기 위하여 목숨을 걸고 싸우는 싸움입니다. 절대로 빼앗겨서는 안 될 진리의 핵심은 오직 하나 뿐입니다. 양심적 신자에게는 그것이 누구에게나 공통된 문제이기 때문에, 저절로 합심하여 싸우게 되니 이것이 선한 싸움입니다.(마 18:19)

그러면 기독교 진리에 있어서 절대로 양보할 수 없는 오직 하나뿐인 진리의 핵심은 과연 무엇입니까? 십자가의 도의 핵심은 십자가의 보혈뿐입니다. 영생을 얻는데 절대로 양보할 수 없는 조건은 오직 하나 보혈 이외에 아무것도 없습니다. 그러므로 다른 것은 다 양보할지라도 보혈의 공로만은 조금이라도 양보할 수 없습니다.

그러나 오늘날 한국 교회의 실상은 어떠합니까? 양보해도 무방한 것을 위해서는 결사적으로 싸우면서도, 정작 양보해서는 안 될 것에 대해서는 관심조차 없습니다. 아모스가 말한 탄식 소리가 이제도 들리는 듯합니다. "너희는 벧엘을 버리고 길갈을 버리고 브엘세바를 버리고 야훼를 찾으라. 그리하면 살리라"(암 5:5) 빼앗기지 않는 것은 하나밖에 없습니다.(마 6:24) 둘이 아니요, 하나뿐입니다. 장대가 살리는가 놋뱀이 살리는가,(요 3:14, 민 21:9) 중매인이 살리는가 신랑이 살리는가,(고후 11:2) 교회가 구원하는가 그리스도가 구원하는가 둘 중의 하나뿐입니다.

빼앗기지 않는 것은 하나뿐이니, 그 하나가 사실 전부인 것을 아는 것이 진리의 발견이요, 최고의 축복입니다.(마 13:46) 그 하나를 가질 때 비로소 다른 것을 다 버릴 수 있게 되기 때문입니다.(전 4:6)

배앗기지않는것은하나뿐이다 (복음九─二二) 98. 3. 21 ──전병──

수많은십년 공부나 무 아버지불의 랑임었다 아무리많은것을 공부해도 많이된 즐거움을

몰라 다편했공부하듯이요 또 산속의토 기도한거 갈님이두 마는 못청함과 아무리신신결을 한마섬잡을

란 간절면도였다. 신앙세게서 가장 안타깝고 슬픈일과 남가 오랫동안 속 임 면선 자 즉 맛 바 면 나는 것

갈 유신자니 성서 읽 선 이를 가두혀 악 아 있 었 다. (사도 믿는 남 와한 국 교회 의 군 몽 은 파 민 들의 만 에

라 도 연 사 와 의 왕 을 못 했 은 전 짓 라 면 목 사 윗 찬 아 파 민 들 의 자 랑 이 무 순 소 용 있 었 는 가 (시16:2)

발로 글 을 읽 음 을 소 글 기 름 없 는 부 들 이 아 채 는 가 (마16) 인 간 존 성 은 이 것 거 의 욕 심 쟁 이 요 다 그

래 서 보 이 지 않 는 하 나 남 보 다 보 이 는 사 람 의 시 선 에 관 심 이 크 다 그 런 고 로 모 다 가 변 해 머 리 아 되 는

하 늘 의 뻘 따 갔 다 (누38~42) 그 러 한 만 사 의 주 선 보 전 은 하 남 뿐 으 많 은 것 을 절 가 갔 을 다 따 라 서 여 러

잔 들 은 결 가 진 사 람 을 은 하 나 남 의 것 부 터 구 하 다 그 케 아 니 (상상16:17) 교 회 로 친 다 면 숫 자 장 랑 것 을

잔 당 권 금 금 자 사 업 장 들 을 열 거 치 고 교 파 들 의 양 심 을 향 하 는 관 심 없 는 성 영 부 흥 을 교 파 비 종

오 로 차 랑 한 것 이 있 다 교 전 풍 은 이 거 의 수 차 들 을 줄 이 요 또 다 섯 술 우 리 고 기 드 음 의 하 나 남 을 알 지 못 하

고 (상 스 엇 다 서 여 화 상 으 로 도 모 르 뻘 새 여 가 하 신 연 회 로 을 향 당 되 의 하 였 자 기 드 은 부 대 삼 만

일 천 명 중 에 서 중 심 은 모 적 을 파 악 한 잔 삼 백 뿐 이 었 으 미 진 묵 를 하 거 서 와 인 섬 묵 적 은 하 남 찬 송 때 드 리

기 독 교 목 적 은 사 망 박 뿔 (해뷰 성 서 목 적 은 국 도 소 모 영 속 (롱39) 서 신 양 목 적 은 새 사 람 부 질 (고후17)

교 회 의 목 적 은 그 리 스 도 몸 니 된 말 뿐 교 지 체 가 자 기 칭 찬 겸 용 도 는 소 경 지 체 라 면 몸 은 크 나 매 장 이 다

그 런 고 로 맏 나 마 따 며 너 는 청 황 색 이 올 을 알 고 (계3:8) 발 전 표 은 빨 리 오 는 밤 의

문 제 (본 행 결 한 마 리 아 되 여 (누二:20) 최 고 행 복 자 인 새 노 래 의 주 인 공 된 진 전 (말 제 四 폭 2 9)

하나님의 일과 사람의 일

내가 지금 하고 있는 일이 하나님의 일인가, 사람의 일인가. 하나님의 일은 우리의 믿음이니, 만일 믿음 없이 하고 있다면 이는 범죄입니다.(요 6:29, 롬 14:23) 일은 인간의 최고의 보람이기에 못하게 되거나 할 일이 없다는 것은 인생의 비극입니다. 일 없는 인생은 그 존재 의의를 잃고 마니, 참으로 존재 의의 없는 인생 그 이상의 비애가 어디 있겠습니까. 그래서 바울은 일하기 싫거든 먹지도 말라고 했고, 예수께서도 아버지께서 이제까지 일하시니 나도 일한다고 하였습니다.(살후 5:10, 요 5:17)

이처럼 일은 생명과 같은 것인데 문제는 그 일의 내용입니다. 즉 하나님의 일과 사람의 일이 있으며, 의의 일꾼과 사탄의 일꾼이 있는 것입니다.(고후 11:15) 더욱 사탄은 가장에 능하니 거짓 사도일수록 그리스도의 사도인 양 꾸민다고 했습니다.(11:13, 14) 또 우리들의 실생활을 보아도 사탄에게 속고 있으면서도 자칭 하나님의 일이라고 착각하는 사람이 그 얼마

나 많습니까?(요 16:2)

첫째 하나님의 일은 홀로 하는 것이지 결코 단체나 조직으로 하는 것이 아닙니다.(요 6:29의 '일'은 단수입니다) 또 마음으로 하는 것이지 몸으로 하는 것이 아닙니다.(롬 10:10) 그리고 자기 힘이 아닌 그리스도의 기도가 그 출발이기에 중단될 수 없는 생명적인 것입니다.(히 7:25, 삼상 12:23)

이와 반대로 인간의 일은 욕심에서 시작되어 몸으로 하므로 지속이 되지 않습니다.(약 1:15) 또 하나님의 일은 우주를 관찰하시므로 그 일꾼은 사람에게 보이기를 애쓰지 않으나, 사탄의 일꾼은 나팔을 불어 선전하는 것이 특징입니다.(삼상 9:3, 마 6:2) 아가페의 하나님은 그 품값을 은혜로 충분히 선불해 주셨습니다. 그렇기에 그 일꾼은 대가를 바랄 까닭이 없어서 불평이나 실망이 없게 됩니다.(요일 4:11, 롬 5:8) 또 하나님의 관심 대상은 사물의 본질이지 외모가 아닙니다. 그에게는 크고 작음이 일반이므로 그의 일꾼은 지극히 미미한 일에도 우주와 같은 만족과 보람을 느끼게 됩니다.(눅 12:7, 삼상 16:7)

사람은 두 가지 일을 하지 못합니다. 하나님의 일을 하려면 자기의 일은 쉬게 마련입니다.(히 4:10) 자기를 부인함이 곧 하나님의 영광이요 일의 전부입니다.(마 16:24)

나를 따라 오려거든

나에게는 나와 신앙동지로 알고 믿어 온 사람 몇이 있었습니다. 그들은 참으로 고마운 존재였으니 내가 교회에서 일하려던 평생의 꿈을 버리고 독립했기에 그들을 더욱 의지하였습니다. 그런데 10년 이상의 긴 세월이 지난 오늘에 와서야 그와 같은 인간적 감정은 모두가 불신의 소치였음을 알고 뉘우치는 심정으로 이 사실을 고백합니다.

소위 동지라는 말은 일반 사회에선 통하는 말이나 신앙세계에서는 통할 수 없습니다. 왜냐하면 신앙은 각자가 살아계신 하나님과 직결되는 일이므로, 엄격한 의미에서는 동지가 있을 수 없기 때문입니다.(시 73:25) 실로 눈은 눈이고 발은 발이기 때문에(고전 12:21) 각자 자기 위치에 바로 서기만 한다면 그것으로 족하며, 그 이상의 것은 오직 하나님의 일입니다. 인간끼리 무엇을 요구하는 것은 불가능한 무리한 요구라는 것을 이제야 알고 눈뜬 것입니다.

나의 신앙 노선은 그리스도를 통한 하나님과의 직결 독립입니다. 때문에 이와 같은 독립을 타인에게 기대함은 어린애를 억지로 어른이 되라는 무리한 요구였던 것입니다. 이제 와서 나는 그들의 성장을 기다려야 할 아량이 심히 부족했던 자신이 부끄럽고 미안할 뿐입니다. 실로 나이 값도 못하는 이 꼴이 민망스럽기만 합니다. 그러나 나는 나대로 원망과 후회 없이 내 길을 갈 것입니다. 이제 친구들에게 남기고 싶은 말은 이후에라도 나를 따르려거든 자기를 부인하고 자기 십자가를 지고 오라는 그 말뿐입니다.(마 16:24)

독립의 고독이 두려운 그대가 꼭 기억해 두어야할 말이 있습니다. "하나님과 함께 있는 것은 온 세계 사람을 친구로 가지는 것보다 행복하다. 현대인은 하나님의 부재에서 오는 마음의 쓸쓸함을 메우기 위해 더 많은 사람과의 교제를 구한다. 그들은 한 사람의 큰 친구 대신 무수한 꼬마들과 사귄다. 요란 속의 고독이 있고, 고독 속의 교제가 있다. 우리는 전자보다 후자를 택하리라" 어느 편이 가장 쓸쓸한 고독인지 자기 날이 오기 전에 깊이 생각하여 결단하십시오.(시 90:12)

진 자 편인가 이긴 자 편인가

자기의 신앙태도를 분명히 하는 것은 인간에게 불가능합니다. 왜냐하면 인간에게는 그와 같이 중대한 일을 결단할 자신이 없기 때문입니다. 그래서 사탄은 항상 인간에게 모호한 태도를 취하도록 유혹하고 그 이상의 분명한 태도를 취하면 우는 사자처럼 삼키려고 온갖 수단을 써서 그를 곤경에 빠뜨리게 합니다. 교만한 신앙이라느니, 무식한 말이라느니, 독선에 빠진 자라고 말하는 등등으로 인간의 상식을 총동원하여 그를 비방합니다. 그리하여 그로 하여금 마침내 사망의 큰 길로 다시 돌아서게 만드는 것입니다.(계 6:8)

그런데 여기 기적이 일어납니다. 그리스도의 보혈의 능력 때문에 죄 사함을 바로 믿게 된 자에게 말입니다. 그는 영생의 은사가 미래의 막연한 약속이 아닌 현실의 체험이요, 심령상 사실로 믿어져 요동치 않기 때문에(시 55:22) 그리스도 십자가 밑에서 담대하게 자기 신앙 태도를 천명하게 됩니다. 그것은 구원 얻은 그 사실, 사망에서 생명으로 옮겨졌다는 그 사실입니다. 그처럼 소속이 달라졌기 때문에 그는 아무리 좁은 길일지라도 생명과 바꿀 수 없습니다. 타인에게 이단이라는 욕을 먹고 독선이라는 비난을 받을지언정 자기 신앙을 부인할 수 없게 되는 것입니다.

그것은 오직 한 가지 사실 때문입니다. 사망을 주 안에서 이겼다는 그 사실 때문입니다. 이 확신은 오직 인간의 지혜가 아닌 그리스도의 피에서 오는 새 힘입니다. 이 한 가지 승리 때문에 그는 기독교를 진리로 믿을 수 있게 됩니다.

진 자는 이긴 자의 종이 될 뿐이니 참 자유가 없는 자는 그가 지고 있다는 증거입니다. 그런즉 그는 그리스도의 은혜와 그리스도의 생수가 변질되었음을 알고 회개해야 합니다. 오늘의 기독교는 복잡한 기독교로 변질되고 있습니다. 바람을 잡는 욕심 때문입니다.(전 4:6) 주의 영이 계신 곳에는 반드시 자유가 있으니 이 자유는 죽음과 곤고, 고독과 악평 앞에서도 누릴수 있습니다. 이 자유가 바로 승리의 표입니다. 진리의 신은 곧 자유의 신이기 때문입니다.(고후 3:17, 출 3:14)

최고의 권능 최고의 지혜

십자가의 그리스도는 하나님의 권능이요 하나님의 지혜라 했습니다. 이는 표적을 구하는 유대인과 지혜를 찾는 헬라인들에 대한 바울의 신앙고백이요 선전포고입니다. 유대인들은 인류 종교를 대표하는 자요, 헬라인은 근대 문명을 대표하는 자들입니다. 그들이 보는 십자가의 그리스도는 한없이 거리껴지는 것이었습니다. 동시에 어리석기 짝이 없다는 것이 일반적 상식이었습니다. 그런데도 이 같은 상식을 벗어나 그리스도가 하나님의 권능 즉 최고의 권능이요 하나님의 지혜가 최고의 지혜라고 믿는 무리가 있었습니다. 이는 바로 바알에게 무릎 꿇지 않은 칠천 명의 무리였습니다. 이처럼 기독교는 종교 이상의 복음이요, 문명 이상의 진리입니다.(요 14:6)

종교가 외형화되면 이미 그 한계가 드러난 것이요, 시대의 총아인 문명 역시 궁극은 전쟁에 다다르게 됩니다. 예수 그리스도는 그 자신의 몸을 바쳐 예루살렘 성소의 휘장을 찢었습니다.(마 27:51, 히 10:19-20) 이것은 지금까지의 외형 종교의 종결을 뜻하는 것과 동시에 내신內神 종교의 시작을 말합니다. 누구든지 하나님을 자신 속에 모시는 새 성전 시대의 도래를 온 천하에 선포한 신호였던 것입니다.(고전 3:16)

하나님이 계시는 새 사람은 실로 죽음까지도 환영하게 됩니다. 이것이 최고의 권능인 영생의 권능입니다. 하나님이 내 주하시는 새 사람은 하나님의 지혜를 부여받게 되니 그의 지혜는 사람의 머리털까지도 세는 지혜입니다.(눅 12:7) 그 지혜로 사는 자는 그 자신이 현재 이 땅에 살아있다는 그 사실 자체를 큰 기적으로 믿습니다. 그는 그와 같은 감격에서 자기를 포기할 수 있게 됩니다.(요 10:18) 이것이 참으로 최고의 지혜 아니겠습니까. 우리가 이와 같은 그리스도의 큰 구원을 등한히 여기고 어찌 피할 것입니까. 실로 이 땅은 행복의 샘터가 아니라 영혼의 전쟁터입니다.(벧후 2:19)

기쁨의 비밀

　믿음으로 하지 않는 것은 모두 죄가 됩니다. 그래서 의인은 믿음으로 사는 자요 그 믿음은 성령의 인도로 된 믿음입니다.(고전 12:3) 신자의 보람이 예배라 하지만 과연 거기에는 문제가 없겠습니까? 말씀은 경고하고 있습니다. 즉 제물과 예물은 헛것이요 분향도 가증하니 월삭과 안식일로 모이는 성회를 하나님은 기뻐하지 않으시고 싫어하신다는 말입니다.(사 1:11-14)

　나는 이웃 교회에 잘 아는 분이 계셔서 오랜만에 주일 예배에 참석했습니다. 일요일을 하나님의 날, 예배를 신령과 진리의 예배라고 하는 기도의 말씀에서 느낀 바가 있었습니다. 바로 그리스도 예수 안에서의 하나님의 뜻인 항상 기뻐하라는 그 문제가 풀린 것입니다. 어째서 하나님은 특별히 우리가 항상 기뻐하길 원하시는가 그 문제입니다. 그것은 다름이 아니라 그리스도인은 그의 일상 생활 자체가 예배이기 때문입니다. 바울은 성전 문제에 관해서는 단호했으니 신자 자신이 성령의 전 즉 살아계신 하나님의 성전임을 강조하였습니다. 바울은 만일 그리스도께서 지금 자신 속에 안 계신다면 그 사람의 믿음은 헛것이라고 했습니다.(고후 13:5) 예수는 안식일의 주인이시며 신자는 모두가 복음 제사장이므로 안식일 날짜를 특별히 여김은 초등학문으로의 후퇴입니다.(갈 4:9) 신령과 진리의 예배는 날짜와 장소와는 전혀 관계없는 산 예배이기에 그것은 제사장 신분자의 일상생활이 분명합니다. 그래서 예수께서는 사마리아 여인에게 예배 장소를 이 산도 아니며 예루살렘도 아니라고 하신 것입니다.(요 4:21)

복음 안에서는 특별이란 것이 없습니다. 은혜의 보좌요 은혜의 성령 안에 특별이란 것이 있을 리 없으니, 특별이란 것은 율법 시대에만 존재한 구물입니다. 실로 모든 슬픔과 탄식을 몰아낼 최고의 기쁨은 24시간 중단이 없는 찬미의 제사(예배)입니다.(히 13:15) 그것은 보좌의 상징인 무지개로서 보장된 항상 어디에서나의 기쁨이기에 마귀가 틈타지 못합니다. 아, 모든 사람이 피로서 침입하는 새롭고 산길의 복됨이여.

기쁨의 비밀 (회[五]) 98. 8. 1 —스바20—

마음으로 하여금 우리 주님을 찬양하는것을 모두가 되어 기뻐함으로 즐기나니 그러나 그만은 아니라 (살전) 그러나 그만은 아니라

령이 도로 되었던 육신은 이미 (고전) 신자의 부활의 새 백성됨을 보지 마라 그러므로 거기에 는 문제가 없겠는가 말이라 성

는 고하여 왔다 즉 전체의 과목들은 전체요 부분은 향하는가 하는 중에 이니 일반 낱낱이 성령의 성전을 하나 남음

기쁘다 하신 고로 쓰는 대로 하나님의 말씀이라 그리고 이웃과 이웃에게 잘 안 된 분이에서서 오래 가까이 주일날에

뼈에 찬 성령 함께로 언짢을 하나님의 날 (예배) 주님과 진리의 예배라 하는 기도의 말씀에서 나는 그 안 밖

가 있으며 바로 그리스도인 수신에서 왔으며 하나님은 쓰고 하면서 기뻐하라는 고문제가 풀린 것이다 (참전) 8)

여겨지니 하나님으로 특별히 우리가 항상 기뻐 고하게 하신다는 자의 고문제라 그것은 달라 쓰이니라 기도하는

그의 연령을 향하게 그 대에 배가 때문이라 있었으니 그래서 바울은 성전문제에 관해서는 에너리 없이 없어 안 못했

우리 신자 자신이 성령의 전 즉 살아계신 하나님의 성전을 강조하면서 (고린도) 많은 그리스도께 지금

자손에게 나게 성다면 그 사람의 많은 것을라 고 했다 (고후) 예수님이 안 먹던 주의 이후로 (빌) 8 신자는

모두가 복-유체 사장선 (고로 빌) 안식일 날 자들을 (출) 실행하는 이후 로 (빌) 신령과 진리

의 예배는 날 또 와 장수 완전 관계 없는 산 (베) 배이기에 그것은 제사장 신분자의 영 성 경한 이른 법 하니 (레)

그래서 예수께서는 사마리아 여에게 여기에 여봐 장 렘 도하려 라 고 하신 것이니 (빌가복)

육인 에서는 듣는 편 아닌 것이 되었다 우례의 무 조요 우례의 성령 안에 늘 편이 말것이 있을 우리 없으니 특별 아닌것

이 울 박씨에 이면 존재한 걸라 (눅) 실로 모든 술품 단식 을 늘 내고 최고 기쁨은 방은 농장 전 도후 설 풍가

아니라 고 진술 중단 없던 찬미의 제사 (멤) 다 . 모든 사람 이 그렇 게 북상 작신 무지개 로서 나 장 된 한 상 이 더 선 는지

먹이 뿐이 기에 미가 투 타 자 오 차하 다 (렘) 차표 당 밤으 9 ~ 밤 제 3 8
※ 저 정 (회三) 의 보서 천 착 하는 (새) 보 고 사건 이 부 더 였 며 (히)

선과 예배

믿음으로 좇아 하지 아니하는 모든 것이 죄라고 한 바울의 말씀이 내게는 "예배가 아닌 것은 모든 것이 죄니라"고 하는 말처럼 여겨집니다. 그렇기에 예배에 대한 나의 생각을 다시 한 번 밝히고자 합니다. 한국교회에서는 흔히 말하기를 주일 낮 예배를 대예배라 부르는데 과연 하나님 앞에 대예배 소예배의 구별이 있을 수 있겠습니까? 기독교 복음의 입장에서 볼 때 그와 같은 잘못된 관념이 시정되지 않는 한 신앙의 생활화는 불가능합니다. 내가 감히 예배 혁명을 말한 것은 예배 문제가 바로 신앙의 생사문제이기 때문입니다.

하나님께 대한 예배 이상의 선이 있을 수 없습니다. 그러므로 예배 문제의 심각성을 이해하려면 먼저 선악의 차이부터 이해해야 합니다. 이점에 대한 우치무라의 말은 다음과 같습니다.

"선한 것은 하나님을 믿는 일이다. 악한 것이란 하나님을 떠나서 사람과 자기를 의지하는 일이다. 그 밖에는 선한 일도 없고 악한 일도 없다. 병든 것은 반드시 악한 일은 아니다. 만일 우리를 하나님에게로 이끈다면 병도 또한 선한 것이다. 건강이 반드시 선한 것은 아니다. 만일 건강이 사람으로 하여금 자신을 의지하게 하고 자기를 지혜롭다고 생각하게 한다면 건강은 오히려 악한 것이 된다. 가난도 마찬가지다. 그 반대의 부귀도 마찬가지다. 그리스도는 "너희가 어찌 나에게 선을 묻느냐 선한 이는 하나밖에 없으니 곧 하나님이시다"라고 말씀하셨다. 선이란 하나님을 떠나서 실제적으로 있는 것이 아니다. 하나님과 하나님을 향하는 것 이것이 선이다. 하나님에게서 떨어지고 하나님을 거역하는 것이 악이다. 선악의 차별은 이것뿐이다. 그리고 이것이 곧 생사의 차이점이다."

이과 같이 선이 아닌 것은 바로 악인 것처럼 예배가 아닌 것이 죄입니다. 나는 그래서 나 홀로 하나님을 의지하고 그에게 감사하는 이것이 곧 선이요, 대예배임을 믿고 기뻐하는 삶입니다.(요 4:23)

증인

그리스도인은 증인입니다. 진리의 증인이기에 그는 세세에 빛날 우주적 존재입니다. 그래서 하나님의 형상이라 하는 것입니다.(창 1:27) 증인은 사실을 그대로 증언하는 자이기에 그 증언의 가치는 막대하니, 그 증언은 천지가 변해도 변치 않는 절대적 사실에 대한 증언이기 때문입니다. 기독교 진리의 증언은 두 가지 변치 않는 사실에 근거합니다.(히 6:18) 이는 마치 이스라엘 재판법에서 증인은 한 사람으로는 무효요, 두 사람 이상이어야 효과가 있다는 그 원리요,(신 17:6) 장자의 기업은 다른 아들의 두 몫인 것과도 상관이 있습니다.(신21:17) 그것은 하나님 나라 진리를 증거한다는 것은 하나님의 상속자가 되는 영광스러운 직책이기 때문입니다.(롬 8:17)

따라서 그리스도인의 증언은 두 가지 요소가 구비되어야 합니다. 그것은 십자가와 부활이요 죄의 해결과 의의 성취입니다.(롬 4:25) 옛날 홍해를 걷는 이스라엘 백성이 또다시 요단강을 건너야만 가나안에 들어갔듯이, 애굽을 탈출했어도 반드시 광야를 통과해야 되는 것처럼 말입니다. 그런데 광야에서의 해방이 얼마나 기막히고 어려운 일이었습니까? 출애굽한 장정은 60만 명 이상이었지만 그중 단 두 사람만이 가나안 입성에 성공했던 것입니다.

오늘날 역시 그리스도인들이 죄사함의 은혜는 믿으면서도 실제의 생활 전선에서는 방황하고 무기력한 상태에 있습니다. 그 비극이 우리 기독교의 현실 아니겠습니까? 방언도 하고 기적도 있습니다. 신학도 있고 선교도 합니다. 그러나 십자가의 도는 기적을 믿는 유대인에게는 거리끼며, 지혜를 자랑하는 헬라인에겐 미련하게 보이는 진리입니다.(고전 1:22-23) 가나안에 들어간 자는 태양에서 무기재가 나오듯 반드시 자기 길이 있습니다. 누구나 장자로서 가는 길인즉 그 고백인 증언에는 특별한 증언(특별한 성직)이 있을 수 없습니다. 모두가 증인이기 때문입니다. 그는 하늘과 땅의 권세를 받은 상속자이므로(마 28:18, 요 1:12) 최고의 기쁨과 최고의 능력이 따릅니다. 그래서 빛과 소금이 되는 것입니다.(마 5:13-14)

증　인　(복음 八–一~〈八〉)　97. 10. 11
　　　　　　　　　　　　　　　　　　—사도 8—

기독자는 증인이다. 행 八장 진리의 증인이기에 군데 만고에 빛날 우주적 존재로서 크게서 하나님
의 형상으로 나타나는 것이다.(창 一장) 증인은 사실을 그대로 증언하는 자이어야 그 증인의 가치는 막대
하니 증언은 천지간에 해 두면 치않는 사실을 증언이기 때문이다. 기독 편진리의 증인은
두가 지 편치 못할 사실에 근거하게 된다.(증) 인스만치 이스라엘 재판법에서 증인은 한 사람
으로는 무효요 두 사람 이상이어야 효과가 있는 그런 이유요.(신) 장자의 기업은 달라 아들들의
두 목인 것과 동상과 되다.(신) 그것은 바로 하나님과 즉 천국진리를 증거하는 것은 하나님의
상속자 되는 장자의 영광적 기쁨이다.(록) 따라서 기독자의 증인(전도)은 두가지요. 소
가구비 티며 앉으니 삼자가 와 부활이요. 죄의 행함과 의 상증으로다.(록) 그것은 옛날에 흥해
르렀건는 이스라엘 백성이 다시 요단강을 건너만 가나안에 들어 갔듯이 애굽으로 탈출을 했어도
반듯이 광야를 통과해야 되겠것처럼 말이다. 그런데 광야에서 이 백성이 얼마나 가막히고 어렸은
일이었든가. 출애굽 한 장정은 六〇만 이상 이었지만 굳훼 두 사람만 하성 공해 두렀 처럼 오늘날
역시 기독자들이 이 최사함의 은혜 만이면서도 실 지 정쟁에서의 방황하는 무 기력 상태의 그
비곡이 우리의 기독 교 현실 아닌가　방언도 하고 기적도 있었다. 신화도 있고 선교도 한다. 그러나 십자
가의 모든 기적 주의 유대인 에게는 거리끼며　지혜를 자랑 하는 헬라인 에겐 미련하게 비는 진리나 구원은
가난 안에들 어간 자는 태양에서 뿐 거기 가 남듯 반듯이 가지 간이 있나니 누구나 장자로 도서야 가는 것
인즉 그자 손의 고백 인즉 으연에 은 특별 성직)이 있을 수 없으니 모두 가중의 의기 때문이다.
근 듣하는 과 당의 권세 상속 자 임으로.(마뿐)(18) 최고의 기백 묵과 최고의 능력이 따른다. 그래서 밭과 소금이 된다.
　　　(마5:13 14)

인형과 사람

신자를 만든다고들 합니다. 왜 돌로 아브라함의 아들을 만든다고 하지 않습니까? 전 세계의 교회가 총동원을 해도 한 사람의 신자를 만들 수는 없습니다. "하나님은 능히 이 돌들로도 아브라함의 아들이 되게 하신다"는 말씀이 있습니다. 그렇습니다. 하나님은 가능합니다. 그러나 사람은 불가능합니다. 사람은 인형은 만들 수 있습니다. 그러나 하나님만이 사람을 만들 수가 있습니다. 감독과 목사와 전도자는 교인을 만들 수는 있습니다. 그러나 하나님만이 크리스천을 만들 수 있습니다. 교인은 크리스천의 인형입니다. 그리고 교회는 오늘까지 많은 인형을 만들고는 신자를 만들었노라고 말하고 있는 것입니다.

사람이 없습니다. 오늘날 이 나라에 정치가는 있습니다. 그러나 사람은 없습니다. 실업가는 있습니다. 그러나 사람은 없습니다. 교육자는 있습니다. 그러나 사람은 없습니다. 학자는 있습니다. 그러나 사람은 없습니다. 예술가는 있습니다. 그러나 사람은 없습니다. 모든 인물과 재능은 있습니다. 그러나 하나님과 사귀며 영원히 살며 이웃을 사랑하며 진리를 기뻐하는 하나님의 자녀의 자격을 갖춘 사람은 없습니다. 이 나라에 없는 것은 사람입니다. 그 커다란 위험은 사람이 없는 데 있습니다. 우리는 이제 이 나라에 사람이 일어나기를 기도하지 않으면 안 됩니다.

남을 구원하기는 쉽습니다. 그러나 자기를 구원하기는 어렵습니다. 노아의 방주를 만든 목수는 노아와 그의 가족을 구원해내고 자기는 다른 죄인과 함께 홍수에 빠져 죽었습니다. 남의 교사가 된다고 반드시 자신이 구원 받을 수는 없습니다.(마 7:22-23) 그러므로 바울은 말했습니다. 내가 내 몸을 쳐서 복종시키는 것은 내가 남을 가르치고 나 자신은 버림받을까 두려워하기 때문이라고 말입니다. 한 마리의 대구가 4백만 개의 알을 밴다고 하지만 그 중에서 자라나 완전한 대구가 되는 것은 불과 3,4 마리에 지나지 않는다고 합니다. 사람 또한 그렇지 않습니까? 그리스도를 사모하는 자는 많습니다. 그러나 그리스도를 위해 고난을 받으려는 자는 적습니다. 그리스도를 주여 주여 부르는 자는 많습니다. 그러나 그리스도와 함께 쓴 잔을 마시려 하는 이는 적습니다. 진실로 신앙을 지속하여 가시관을 쓰고 하늘나라에 들어가는 이는 극히 적

습니다. 성경과 자연은 나의 실험을 증명하여 말하고 있습니
다.(마 23:14)

하박국의 전투

춘하추동 사계절에 잘 적응하는 몸이 건강한 몸인 것처럼 신앙생활 역시 어떠한 역경도 적응하고 소화하는 이가 정상의 신앙인입니다. 몸도 편식을 하면 반드시 어느 부분에 결함이 생겨서 고생하게 되니, 신앙 역시 편식하는 이는 어린애라고 말할 수밖에 없습니다. 축복일로를 달음질치는 현 한국교회는 벌써 위험수위에 도달했다는 하늘의 경고 표시라고 보아야 합니다.

다른 사람은 어떻든지 지금의 제 자신은 전도나 저술보다도 다만 구약선지자 하박국의 믿음을 내 믿음으로 소화했으면 하는 것이 소원입니다. 그의 말대로 비록 무화과나무가 무성치 못하며 포도나무에 열매가 없으며 감람나무에 소출이 없으며 밭에 식물이 없으며 우리에 양이 없으며 외양간에 소가 없을지라도 나는 여호와를 인하여 즐거워하며 나의 구원의 하나님으로 인하여 기뻐한다(합 3:17-18)고 한 그 믿음 말입니다. 마땅히 있어야 할 것이 없으니 이는 율법상 저주에 해당하는 비극이요(신 28:39) 그것도 한두 가지가 아니니 인간의 생각으로는 벌써 좌절했을 것입니다. 그런데 하박국은 그와 같은 비참함에도 굴함이 없이, 믿음으로 이를 극복하고 도리어 여호와를 즐거워했던 것입니다.

그 믿음의 비밀이 과연 무엇인가 나름대로 상상해 보았습니다. 첫째, 내가 만일 이 상태에서 좌절한다면 이방인들은 조롱하기를 하박국의 하나님은 죽은 하나님이라고 악담을 할 것이 분명합니다. 이처럼 나의 거취가 하나님의 생사문제로 평가되기 때문에 비록 내가 죽는 한이 있더라도 좌절은 못하는 것입니다.(시 42:3) 둘째, 내게 어려움이 계속 닥치는 것은 나로 하여금 하나님을 떠나지 못하도록 하시는 하나님의 선하신 표시요 나를 손바닥에 새기신 사실을 확인케 하는 은혜로 아는 것입니다.(렘 2:19, 사 49:16, 시 49:20) 셋째, 하나님은 인간 이상의 분이시니 하나님은 인간이 모르는 방도가 얼마든지 있습니다. 그것은 내가 과거에 체험한 사실인즉 만일 내가 스스로 좌절한다면 이는 하나님을 무시하는 최고의 교만이 되는 것입니다. 넷째, 찬송이 나의 피조 목적이니 이와 같은 처지에서 하는 찬송이야말로 최고의 찬송으로 나의 창조의 완성이 되기 때문입니다.(히 13:15, 사 43:21)

참 종교를 식별하는 방법

참 종교와 거짓 종교의 식별은 신자의 운명을 좌우하는 문제입니다. 제가 예전에 결혼 주례를 해준 사람이 여호와의 증인으로 가더니 이십년 동안 소식 한번 없습니다. 또 어느 날 내 집에 초등학교 학생을 앞세운 어른 두 사람이 왔는데, 여호와의 증인 전도대였습니다. 나는 학생에게 공부나 하라고 야단쳐 보냈습니다. 그런데 최근 어느 곳인지 모르는 곳에서 책 한 권이 왔습니다. 예수 이름으로 보낸다는 표시뿐인데 내용인즉 여호와 증인 전도 책자였습니다. 그 결론이 열 가지로 된 참 종교 식별법이란 내용이었습니다. 나는 그들의 교리를 처음으로 공적으로 확인할 수 있었기로 이를 참고로 소개합니다.

첫째 유일하신 참 하나님 여호와를 숭배한다. 둘째 그리스도 예수를 통해서 하나님께 나아가는 길을 계시한다. 셋째 비이기적인 사랑을 가르치고 실천한다. 넷째 세상 정치와 분쟁에 관여하지 않고 전시에는 중립을 지킨다. 다섯째 성서를 하나님의 말씀으로 받아들임으로써 하나님의 참되심을 인정한다. 여섯째 전쟁이나 개인의 폭력에 동조하지 않는다. 일곱째 모든 인종 언어 종족의 사람들을 훌륭하게 연합시키고 국가주의나 증오가 아니라 사랑을 전파한다. 여덟째 이기적인 이득이나 보수를 위해서가 아니라 사랑에서 우러나와서 하나님을 섬기는 일을 옹호하며 사람에게 영광을 돌리지 않고 하나님께 영광을 돌린다. 아홉째 어떤 정치나 사회 철학이 아니라 하나님의 왕국을 인간의 확실한 희망으로 선포한다. 열째 인간과 땅에 관한 하나님의 목적에 대한 진리를 가르치며 영혼 불멸이나 지옥에서의 영원한 고초 같은 거짓말을 가르치지 않고 하나님이 사랑이심을 가르친다.

이상 열 가지는 모두가 신구약 성서 구절을 인용해서 꾸며진 문구들입니다. 그러나 기독교의 생명인 피와 부활과 성령이 빠졌으니 예수와는 상관없는 종교입니다. 이 때 내게는 다른 소리가 들려왔습니다. 종교의 목적이란 내게 무한한 기쁨이 있어야, 내 마음이 희망과 감사에 넘쳐야 한다는 것, 그래서 죽음이 생명으로 들어가는 문으로 변해야 비로소 종교의 참 뜻을 맛본 자라고 말할 수 있다는 것입니다. 둘 중 어느 것이 참 종교인지 알자는 알 것입니다.

참종교를 식별하는 방법 (복음七ㅡ五四)

94. 4. 16

— 마二六26 —

참종교와 거짓종교의 식별, 이것은 신자의 운명을 좌우하는 문제다. 내가 옛날 결혼주례를 해준 사람이 여호와증인파로 가더니 일년동안 연하장도 없다. 또 어느날 내집에 국민학교 학생을 앞세우고 두 사람이 왔는데 여호와증인 전도대였다. 나는 학생에게 공부나 하라고 야단쳐 보냈다. 그런데 최근 어느곳인지 모르는 곳에서 책한권이 왔다. 예수님 얼굴을 그려보낸 단 표지뿐인데 내용인즉 여호와증인 전도책자였다. 그 결론은 이 열가지로 된 참종교식별법이란 내용으로 나는 그들의 교리를 처음으로 공적으로 확인할 수 있었기로 그래서 이를 참고로 소개한다. 「㈠ 유일하신 참 하나님 여호와를 숭배한다 ㈡ 그리스도 예수를 통해서 하나님께 나아가는 것을 제시한다 ㈢ 비이기적인 사랑을 가르치고 실천한다 ㈣ 세상 정치와 분쟁에 관여하지 않고 전시에는 중립을 지킨다 ㈤ 성서교훈 하나님의 말씀으로 받아들임으로서 하나님의 참되심을 인정한다 ㈥ 전쟁이나 개인의 폭력에 동조하지 않는다 ㈦ 모든 인종어 종족의 사람들을 균등하게 연합시키고, 국가주의나 종오가 아니라 사랑을 전파한다 ㈧ 이기적인 이득이나 보수를 위해서가 아니라 사랑에서 우러나와서 하나님을 섬긴는 연을 옹호하며 사람에게 영광을 돌리지 않고 하나님에게 영광을 돌린다 ㈨ 어떤 정치나 사회철학이 아니라 하나님의 왕국을 인간의 확실한 희망으로 선포한다 ㈩ 인간과 땅에 관한 하나님의 목적에 대한 진리를 가르치며, 영혼불멸이나 지옥에서의 영원한 고초같은 거짓말을 가르치지 않고 하나님이 사랑이심을 가르친다」……이상 열가지는 모두가 신구약성서 구절을 인용해서 꾸며진 문구들이나, 그러나 기독교의 생명인 피와 부활과 성령이 빠졌으니 예수와는 상관없는 종교다 (요한8) 이때 내게는 다른 소리가 들려왔다 왈 종교의 목적 ‖ 내게 무관한 기쁨이 있어야, 내 마음이 희망과 감사에 넘쳐야, 그래서 죽음이 생명으로 들어가는 문으로 변해야 난 비로서 종교의 참맛을 맛보자라고 말할 수 있다 (소갑 4의7) 둘중 어느것이 참종교인지 알자는 알 것이다 (계二22)

설교와 능력

천국이란 이 땅이 아닌 저 나라입니다.(마 6:33) 그런고로 우리의 삶은 나그네 인생입니다. 예수의 나라는 결코 이 세상 나라가 아님을 알아야 합니다.(요 17:14, 18:36) 이 세상이란 죄악에 오염된 사망 골짜기인데, 믿는 자란 그 같은 세상에서의 승리자란 뜻입니다. 그 승리의 표시가 바로 빛과 소금 역할인 것입니다.(벧후 2:19, 마 5:13-14) 그래서 땅에서 왕 노릇하는 왕 같은 제사장 됨이 바로 나그네의 위치라고 베드로는 말한 것입니다. 이 왕은 새 노래의 주인공으로 새 노래는 승전가인 찬송입니다.(히 13:15) 이처럼 밤을 이긴 새 노래가 나오는 자가 그리스도인이기에 그 찬송 즉 새 노래의 여부에 하나님의 인생 창조의 성패가 달려있는 것입니다.

그런데도 신자라 하면서 이 같은 피조목적도 모르는 소경들은 말을 잘하는 자가 천국 합격자인줄 압니다. 전도자라하면 첫째도 설교, 둘째도 설교에 치중하고 교인 역시 말 잘하는 것을 권능처럼 자부합니다. 그런데 바울은 하나님의 나라는 말에 있지 않고 능력에 있다고 했습니다.(고전 4:20) 천국을 소유한 증거인 그 나라 소속 시민권자의 능력은 웅변이나 지식이 아니라 고난을 정복한 능력이라는 것입니다. 즉 얼마나 기뻐했는가 얼마나 희생했는가 얼마나 인내했는가가 그 실력입니다. 복음 즉 모든 사람을 구원하는 하나님의 능력은(롬 1:16) 그 기쁨이 가장 강력해야만 어떠한 슬픔과 탄식도 물러가게 하며, 고난의 큰 산도 평지처럼 만들 수 있습니다.(슥 4:7) 스룹바벨처럼 하나님의 도장(인) 된 자(학 2:23) 즉 상속자 된 참 아들에게는 능치 못함이 없는 것입니다. 그래서 사망이 신자에게는 공포가 아닌 쾌락으로 변하며, 인생의 고난이 감사로 되는 곳에 최고 권능이 있는 것입니다.(살전 5:16, 에 9:22) 이것이 새 노래가 나오는 영생의 실력입니다. 그래서 영생에 관한 믿음의 싸움은 절대 불가피한 선한 싸움이 되는 것입니다.(딤전 6:12)

설교와 능력 (회一파)   98.7.25   ─신약20:29─

천국이란 땅이나 선 적나라다(생략) 그런고로 우린 나 그네 생인 것이다(번역) 예수의 사라는 결 곳

이 세상 나라가 아님을 알아야한다(요14:30) 이 세상이란 죄악에오며 사망끝로 작기인 곳로(빌3:19)

반드시 궁극은 세상여의 승리 잔것 뜻으로 그중리의 자연적 푼시가 바로 빛과 소금의 활이겠다(뻔후

동아푸쓰) 그래서 땅에서 왕노릇하는 왕같은 제사장 됨이 바로 나 그네의 정원지라고 배드로는 밀

한 것이다(빌전) 이 왕은 새노래의 주인공으로 새노래는 승전가 로서의 찬숭의 여부에 실은 하나님의

응이긴 새노래가 나오는자가 기록자이기에 그간 숭 즉 새노래에 찬송의 여부에 실은 하나님의

인양 초 성돼가 달려 있는겠다(사뜨리) 그런데도 시자라 라면서도 이같은 피조목적도

몰르는 소경들은 많을 잘한다 가 천국합격자인 줄알고 전도 자 라하면 첫재도 설교 둘재 도

설교(에서 중하고 피인 역사 말장한 것을 전능 천력자부한다. 그런데 바울은 (하나님의 나라는

말에 있지 않고 능력에 있다 했음(고전4:20) 천국 송유 중권인 그가 라 소속 시민권자의 실력을 말했지

식이 아니라 고난을 정복 찬 실력임을 말겠다 즉 얼마나 기뻐 했는가 얼마나 희생 했는가 얼마나 내

했는가가 구실려 있다. 그런고로 보음 즉 모든 사람을 구원 하는 하나님 능력은(롬1:16) 궁극 밤

의 동주 가 치고 강력 해야만 어떤한 슬픔과 탄식 도 도망 치 도록 녹이며(사25:8) 고난의 크 산도

평지 처럼 들기 때문에(숙4:7) 스룹 바벨처럼 장심으로 되었고(숙4:9) 즉 상 수자 되 찬아 들어 겐는

능치 못할 이 없는 즈다이다(빌4:13) 그래서 불 땅이 와온 사망이 신자에게는 공포 아닌 쾌락으로 변하며(고전

후5:8) 인성 고난 아감사로 되는 곳에 최고 전이 있을 것이다(에9:22) 이것이 새노래가 나오는 영생

자의 실력인 곳로(쿄란) 그래서 영생에 관한 만즉의 싸움은 절대 불가 피한 신한 싸움이 되는 것이라

(딤전6:12)

단단한 식물 멜기세덱

종교병이 있습니다. 종교를 세상을 살아가는 하나의 방편으로 이용하는 병이 그것입니다. 종교 병에 걸린 자는 공리주의자입니다. 타인보다 약간의 평안과 만족이 있으면, 그 정도로 주저앉아 그 이상의 것을 생각하지 않는 사람입니다. 맛없는 소금처럼 된 것이니 이것이 세속 종교입니다. 참 종교는 이와 달라서 세상 악을 이기고 세상을 다스리는 양심 자체입니다. 종교 병자들이 이것을 기피하는 이유는 거기에는 반드시 자아 부정의 희생이 따르기 때문입니다.(요 12:24)

즉 그 길은 자발적인 헌신의 일사각오 없이는 한 발자국도 못 가는 생명의 좁은 길입니다.(마 7:14, 18:8) 우리 국민은 인삼 녹용은 말할 것 없이 뱀, 개, 개구리까지 보약만 된다면 양잿물도 사양치 않는 풍토인데, 이상하게도 신앙 면에 있어서는 이와는 반대로 젖 이상의 양식을 찾지 않습니다.(히 5:12)

한국 교회의 병통은 영양실조입니다. 그 해결책은 오직 단단한 식물의 섭취뿐입니다. 여기에 대한 처방이 바로 신약성서 히브리서입니다. 우리는 보통 영양실조를 말씀의 기근으로 알고 있습니다만,(암 8:11) 말씀 없는 교회가 어디 있겠습니까. 그렇기에 젖 이상의 단단한 식물은 말씀 중 말씀인 복음 비밀입니다.(엡 6:19, 갈 1:8) 이가 바로 히브리서가 지적하는 멜기세덱 진리입니다.(히 5:11)

이 멜기세덱은 믿음의 조상되는 아브라함을 축복해 준 제사장인 살렘왕입니다.(창 14:18) 그를 메시아의 상징으로 발견한 자가 시편 기자로, 이는 아브라함 이후 천 년의 일입니다.(시 110:4) 그 후 다시 천 년 후에 이 진리를 재발견한 자가 히브리서 기자입니다. 그래서 멜기세덱 진리는 이 두 곳 이외에는 아무 곳에도 언급이 없습니다.

이처럼 이 진리는 감춰진 최고의 진주인 까닭에,(마 13:46) 이 만나를 맛본 자는 외양간에서 나온 송아지처럼 뛰게 됩니다.(말 4:2) 그는 자기 면류관을 바치면서 즐거운 헌신을 하게 되니(계 4:10) 이가 바로 어린아이 아닌 장성자인 것입니다. 그리고 그가 드리는 예배가 영적 예배입니다(롬 12:1, 요 4:23).

먹느냐 먹히느냐 어느 편인가

남편이 둘 있는 여자는 음부요, 두 마음이 있는 자는 믿지 않는 자 입니다. 두 씨를 함께 뿌리는 자는 하나님의 미워하시는 자요,(레 19:19) 두 주인을 섬기는 것은 불가능한 일입니다.(마 6:24) 빼앗기지 않는 것은 오직 한 쪽뿐입니다. 한 가지 이상을 더 바라는 것은 욕심이라 침륜에 빠질 뿐이요, 가시채를 뒤발질하는 격의 무익한 고생일 뿐입니다.(행 26:14)

그런데도 우리들은 항상 둘 사이에서 머뭇머뭇 거리면서 세월을 허송합니다. 참으로 미련한 현실이라 아니할 수 없습니다. 야훼냐 바알신이냐, 모세냐 그리스도냐, 율법이냐 복음이냐, 행위냐 믿음이냐, 반석이냐 모래냐, 구리뱀이냐 장대냐, 새 남편이냐 옛 남편이냐, 하나님이냐 사람이냐, 아가페의 사랑이냐 에로스의 사랑이냐, 율법이냐 은혜냐, 신약이냐 구약이냐, 내세냐 금세냐, 보이는 것이냐 보이지 않는 것이냐, 생수냐 웅덩이냐, 말씀이냐 이적이냐, 멜기세덱이냐 아브라함이냐, 그리스도의 피냐 짐승의 피냐, 썩은 씨냐 썩지 않은 씨냐,

죽은 떡이냐 산 떡이냐, 새 길이냐 헌 길이냐, 새 옷이냐 헌 옷이냐, 긍휼이냐 심판이냐, 시내산이냐 시온산이냐, 이스마엘이냐 이삭이냐, 교회냐 말씀이냐. 이 둘 중의 한 쪽이 이기는 것이며, 진 자는 이긴 자의 종이 되어야 하는 운명입니다.(벧후 2:19)

우리의 영생이 희미함은 이 싸움을 회피한 연고이며, 여호수아의 승리는 한쪽을 택한 연고입니다.(딤전 6:12, 수 24:14) 청황색은 곧 사망입니다.(계 6:8)

새 전도

사람이 기초만 쌓고 능히 이루지 못하면 보는 자가 다 비웃어 가로되 이 사람이 역사를 시작하고 능히 이루지 못하였다 하리라 하는 말씀이 있습니다.(눅 14:19-20) 진리는 시종이 일관해야만 진리가 됩니다. 하나님은 처음이시며 또 나중이 되시기에 알파와 오메가로 만물을 새롭게 하시는 분입이다.

기독교 복음은 새 언약입니다.(히 8:8, 렘 31:31) 새 언약은 새 길을 뜻합니다. 새 길을 가는 자는 새 생명을 가집니다.(롬 6:4) 새 생명은 새 계명으로 사는 자요,(요13:34) 새 계명은 옛 계명이 연약하고 무익해서 무효로 된 것을 아는 자에게만 주어집니다.(히 7:8-9) 옛 계명이 돌에 새긴 것인데 반해 새 계명은 마음에 기록된 것입니다. 새 계명은 그대로 행치 못했다하더라도 저주나 심판이 없는 것이 그 특징입니다.(요 12:47) 그래서 새 계명에 속한 자는 감사의 새 노래가 나오는 것입니다. 새 노래는 새 힘에서만 나옵니다.(사 40:31, 느 8:10) 참 자유의 새 힘이 독수리처럼 솟아나기에 그는 너무나 기뻐 잠잠할 수 없기에 자진해서 전도자가 되는 것입니다.(행 1:8) 이것이 새 전도입니다. 여기에 대해 선각자는 말했습니다.

"농부가 농업을 폐하지 않고 전도에 종사하며 상인이 상업에 종사하면서 성서를 연구하며 의사가 육신을 고치면서 영혼을 구원하며 공무원이 공직에 있으면서 담대히 그리스도를 고백한다. 일부러 신학자가 될 필요가 없다. 일부러 안수 받아 전도자의 직을 가질 필요가 없다. 이 몸 이대로 유력한 좋은 전도자일수 있다. 20세기의 새 전도는 감독, 목사, 전도자의 특정 계급을 필요로 하지 않는다."

새 전) 도 ∥시종 완관 (복음 七∥∥) 93. 4. 24 ―글∥∥?"

사람이 기초만 쌓고 능히 이루지 못하면 보는 자가 다 비웃어 가로되 이 사람이
역사를 시작하고 능히 이루지 못하였다 하리라 하는 말씀에서 (눅14,20) 진리는
시중이 일관해야만 진리가 됨을 알겠다. 하나님은 처음이시며 또 나중이 되시기에
알파와 오메가로서 만물을 생독게 하시는 것이다 (계1,5) 기독교 복음은 생언약
이다 (창3,9겔18,31) 새언약은 생긴을 뜻한다 (눅4,21) 생긴을 가는 자는 새생명이다
(눅3,4) 새생명은 생례명으로 사는 자요 (요1,23) 새계명은 예계명이 연약하고 무
익해서 무표로 파지됫졌을 안즈게게만 주어진다 (히8,8) 예계명은 돌에
색긴 것인데 대하여 새계명은 마음에 기록됫질이며 더구나 새계명은 그대로
행치 못했다 하드라도 젖나 심판이 없는것이 그득성이다 (요1,47) 그래서 새계명
예 속한 자는 강사의 새노래가 나오는것이다 (제14,3) 새노래는 새럼에서만 나온다
(우딩의눈신), 참자유의 사람이 독수리처럼 숫아나는고로 그냥 넘우나 기뻐 잠잠
할수없기에 자자해서 진도자가 되는것이다 (행8) 이것이 새전도다. 어기에대해 선각
자는 말했다「농부가 농염을 폐하짓 않고 진도에 종사하며 상인이 사업에 종사
하면서 성신을 연구하며 의사가 유신을 고치면서 진도에 영혼을 구원하며 공무원이
궁직에 있으면서 담대히 그리스도를 고백한다. 일부러 신학자가 될 필요가
없다 안부러 안수레를 받아 진도의직을 가질 필요가 없다. 이몸 이대로
유려한 죽은 전도자일 수 있다. 20대 기적 새전도는 감독, 목사 진도사의 독종께
금을 필요로 하지 않는것이 아닐수 없다 (270_살동인기 종문의 종직점인 새전도 만세

하나님이 우리에게
안식을 요구하시는 이유

기독교에 생기는 문제는 두 가지입니다. 신앙의 마비(불성장)와 성령 모독죄가 그것입니다. 이것을 명백히 해명한 히브리서 기자는(히 5:11, 6:1, 10:29) 우리들에게 안식의 진리에 못 들어갈 수 있음을 엄중히 경고했습니다. 그는 이를 구약시대의 광야 사건 즉 애굽에서 나온 이스라엘 백성이 목적지에 도달하지 못 하고 도중에서 멸절한 고사를 예증으로 들고 있습니다.(히 3:16, 4:9) 이 안식은 소위 안식일의 안식이 아닌 안식일의 주인 되신 그리스도의 안식(평강)을 뜻합니다.(마 12:8, 골 3:15) 히브리서 기자는 이 안식의 상징으로 그리스도께서 하나님 보좌 우편에 앉으신 사실을 더욱 강조했습니다.(히 1:3, 8:1, 10:12, 12:2) 여기에 대한 적절한 해설이 있어서 소개하고자 합니다.

"옛 성막의 특이한 점 한 가지는 의자가 없었다는 점이다. 제사장들이 앉을 수 있는 의자가 없었다는 것은 그들이 계속해서 직무를 수행해야만 했기 때문이다. 그러나 그리스도께서는 자신을 단번에 제물로 바치신 후 앉으셨으니 그 이유는 그리스도께서 입증하신 원리가 모든 일을 성취시키는데 필요한 완전한 원리이기 때문이다. 이 원리에는 조용하면서도 강하고 냉철하면서도 힘찬 능력이 들어 있다. 자신의 생명을 기꺼이 희생하는 곳에는 아무것도 장애될 것이 없으며, 그 무엇도 이 원리를 막을 수 없으며 중지시킬 수도 없다. 이 원리에는 승리만이 기약되어 있을 뿐이다"(레이 스테더먼, 『히브리서 평해』).

그리스도의 나라는 진동치 못 할 나라입니다.(히 12:28, 눅 12:32) 모든 것이 다 진동하고 무너져도 이 나라만은 결코 무너지지 않는 본토입니다.(암 9:15) 방주의 나라요 보증된 나라이기에 참 안식은 오직 그곳에만 있습니다.(창 7:1, 히 6:17) 세상은 다 변해도 그곳만은 절대적인 안전이 보장되어 있기 때문에 거기서만 새로운 역사가 창조됩니다.(요 5:17) 홍수 속에서도 노아의 방주 안에 있는 생물들은 성장하고 약동했으니 이처럼 참 안식은 곧 인내와 창조로 통하는 법입니다.(히 10:36) 그래서 그리스도인은 최고의 인내자인 동시에 최고의 창조자니 이가 곧 소금과 빛입니다.(마 5:13, 14)

가인과 말씀

죄인은 용서받은 증거물이 있어야 살아갈 용기를 가질 수 있습니다. 또한 그 증거물은 사람을 심판에서 능히 구원하는 권능이 있어야 합니다. 가인이 살아난 것은 하나님이 주신 표 때문이요,(창 4:15) 다말이 죽지 않게 된 것도 그가 제시했던 증거물 때문입니다.(창 38:25) 가인은 그 표를 버리면 사망의 그늘에 앉을 수밖에 없으며, 곤고한 쇠사슬에 매일 수밖에 없었습니다.(시 107:10) 그러나 그가 그 표를 의지했으므로 새로운 희망과 용기로 살아갈 수 있었습니다.(시 107:20)

지금은 우리의 구원에 대한 영원한 증거물인 하나님의 말씀을 모든 사람이 관계없이 여길 뿐 아니라,(호 8:12) 즐겨 않고 욕으로 여기고 대적하는 말세입니다.(렘 6:10, 딤후 3:8) 이는 밀보다는 겨를 즐겨 하는 사탄의 역사요, 보이지 않는 것보다 보이는 것을 좋게 하는 마귀의 유혹인 것입니다.(렘 23:28, 고후 4:18)

거짓 선지자들은 복음을 가리고, 기사와 이적을 나타내기에 힘씁니다.(고후 4:3, 마 24:24) 그 결과 말씀의 밀을 먹지 못하고 생명 없는 겨만 먹게 합니다. 오늘날 교회의 공허함은 이 때문입니다. 교회의 가장 큰 비극은 말씀의 기근입니다. 천지보다 귀한, 폐할 수 없는 말씀을(막 13:31, 요 10:35) 무시하고 버리면서 하나님과 직통한다는 무리는 가시채를 뒤발질하는 어리석은 열심히요,(행 26:14, 롬 10:2) 자라지 못하는 어린 병자입니다.(히 5:13) 그들은 성령, 성령하고 떠들지만, 성령의 검이 없는 까닭에 사탄의 종이 되는 것입니다.(엡 6:17, 벧후 2:19) 우리에게 말씀을 주셔서 진토에서 일어나게 하시며(삼상 2:8, 시 119:50) 안위하시고 보증까지 해주시는 말씀의 하나님께 찬미와 영광을 돌립니다.(롬 15:4, 시 119:122)

에벤에셀

내 힘으로 산다는 것은 장한 일 같으나 사실은 이처럼 괴로운 일이 없습니다. 그곳에는 이를 악물고 비장한 결심으로 눈코 뜰 새 없는 긴장이 계속 필요하니, 한계가 있는 인간으로는 지치고 마는 것입니다. 그러므로 그것은 성공 같으나 결국 실패로 끝나게 됩니다.

이에 반해 만사를 하나님의 도움으로 산다는 것을 실제로 피부로 느끼는 것이 신앙생활입니다. 그곳에는 감사가 있고 또 모든 불안을 해소시켜 마음의 여유가 있습니다. 그렇기에 괴로운 현실 속에서도 숨을 돌리고 또 다시 전진할 수 있습니다. 성서가 말하는 의인이란 이와 같은 믿음의 사람을 뜻합니다.(잠 24:16) 바울의 말대로 그리스도인은 이미 자기를 그리스도와 함께 십자가에 못 박은 자이니, 사실상 자기란 존재가 있을 리 없고, 자기 속에 그리스도가 사시는 존재입니다. 그렇기에 자기 책임, 자기 의무 또는 성공, 실패란 있을 수 없습니다. 그럼에도 불구하고, 불신의 인생들은 항상 자아에 걸려

넘어지는 것이 우리들의 현실입니다. 그리스도께서 우리들을 피로 사셨으므로 모든 운명이 그분의 수중에 있는데도, 우리는 건방지게 염려하고 괴로워합니다. 이 모순은 결국 안 팔렸던 그 옛 사람의 나타남이요, 사탄의 간계라고 볼 수밖에 없습니다.

그런 뜻에서, 말세에 믿는 자를 보겠느냐 하신 경고가 새삼 상기됩니다.(고전 6:20, 눅 18:8) 이스라엘 중흥의 기수 사무엘의 기도는 너무나 유명합니다.(삼상 12:23) 그의 기도의 배경은 만사를 하나님의 도우심으로 믿었던 그의 순수한 믿음이었습니다. 이같이 겸허한 믿음에서 이스라엘의 새 출발이 시작된 것이었습니다.(삼상 7:12) 모세의 신앙 역시 진정한 에벤에셀이었습니다.(출 17:11) 이에 반해, 순종보다 번제를 고집한 사울왕은 결국 자결로 끝났습니다.(삼상 31:4) 사무엘과 사울, 우리는 어느 편입니까? 교만한 자를 대적하시는 하나님은 살아계십니다.(잠 3:34, 히 10:31)

외상없는 하나님

진리의 하나님은 에누리도 외상도 없는, 진실하시고 엄위하신 생존하시는 하나님입니다. 이와 반대로 사탄 즉 우상은 거짓이 그의 본성입니다.(요 8:44) 따라서 참 하나님을 믿을 때 그 길이 십자가로 연결되는 이유가 여기 있습니다. 기독교는 십자가교요, 그 길이 협착한 생명의 좁은 문이므로 원래가 찾는 이가 적습니다. 그런데 오늘날의 한국기독교가 심히 넓은 길이 되어 있는 이 현실은 이가 바로 오염된 기독교, 즉 다른 예수, 다른 영, 다른 복음이란 증거 아닌지 염려됩니다.(마 7:13-14, 고후 11:4) 참 그리스도인 우치무라는 이렇게 말했습니다.

1. 종교계에는 질투, 모함, 비방, 분쟁, 파당이 있고 속세계에는 불의, 악덕, 탐욕, 살인, 방탕이 있다. 전자에게는 영적인 죄가 따르고 후자에는 육적인 죄가 따른다. 이 두 세계 사이에 좁은 길이 있어 빈곤, 기아, 박해, 십자가니 생명으로 들어가는 길은 오직 이 길 뿐인 것이다.

2. 우리에게 내리는 하나님의 은혜에도 책임이 따른다. 큰

은혜에는 무거운 책임이, 작은 은혜에는 가벼운 책임이 따른다. 큰 은혜를 받으려 하는가? 큰 책임을 지라. 책임은 면하고 큰 은혜 받으려는 것은 하나님을 속이려 하는 자이다. 자기를 속이지 말라. 하나님은 조롱받으실 분이 아니다. 어떠한 사람이라도 하나님의 은혜를 책임 없이 훔칠 수는 없는 것이다.

3. 독립은 가난과 고통을 가져오고 가족의 불화와 국민의 반대를 초래하고 친구와의 파탄을 가져오며 고독과 질병, 금고와 무학을 비롯하여 때로는 굶주림과 죽음을 가져온다. 나는 아직 안온하게 싸움 없이 완전 독립에 이른 사람이 있다는 말을 듣지 못했다.

4. 하나님이 인류에게 내려주시는 최대 선물은 하나님 자신이다. 사람이 만일 모든 것을 잃더라도 하나님을 얻는다면 무슨 후회가 있겠는가? 우리에게서 무엇을 앗아가시더라도 반드시 성령으로 하나님 자신을 우리에게 내려주실 것을 기도할 것이다. 사람이 성공하는 비결은 자기를 버리는데 있다. 우리는 작은 자기를 버리고 크신 하나님을 얻어야 한다.

나는 이 발언에 전적으로 동감하는 바입니다.

천국 비밀

참 하나님과 그의 보내신 이 예수 그리스도를 아는 것이 영생입니다. 이는 그리스도의 영생을 믿는 사람은 사망에서 생명으로 옮겨진 사람인 까닭에 그는 이제 천국의 비밀을 아는 사람으로 되었다는 뜻입니다.(요일 2:20, 27) 그리고 이와 같은 천국 비밀을 보증하는 영이 성령입니다. 따라서 성령이 있는 믿음과 없는 것은 모든 점에서 다른 것이 당연합니다. 즉 성령을 통해서 예수를 아는 것과 성령 없이 아는 것은 천지의 차가 있습니다.(고전 12:3, 고후 11:4) 그래서 믿는다 하면서도 실제로는 모래 위에 집을 짓는 어리석은 자가 생기는 것입니다. 주의 이름으로 선지자 노릇을 했지만 주님에게 버림받은 비극의 주인공이 그들이요, 먼저 된 자인데도 나중 되고 나중 된 자가 먼저 되는 비극이 바로 천국 비밀을 모르는데서 일어납니다. 있는 자는 받아 넉넉하게 되되 없는 자는 그 있는 것마저도 빼앗기는 것도 바로 이 때문입니다.

그리스도는 하나님의 비밀입니다. 천국 백성이 된 참 그리스도인에게는 이 비밀이 통하게 되어 있습니다.(골 2:2, 암 3:7) 참 그리스도인은 하나님과 직결된 자로 영생을 사상이 아닌 현실로 소유한 천국인임을 뜻합니다. 그는 실로 새로 창조된 새로운 영입니다. 마음 뿐 아니라 영이 달라진 까닭에 그에게는 하루도 천년도 같습니다.(시 90:4, 벧후 3:8) 한 시간을 일하나 하루 종일 일하나 일할 수 있는 기쁨에 가치를 두는 사람입니다. 그에게는 말방울의 영광이나 아론의 영광이 똑같기 때문입니다.(슥 14:20, 출 28:36) 그러나 영생 즉 하나님 자신으로도 만족하지 못한다면 이는 탐심의 포로요 그의 말로가 불못으로 된 무저갱 이외에는 갈 곳 없습니다. 빨리 깨닫고 회개하는 것 이것이 천국 비밀이요 복음 비밀입니다.

가장 어려운 일

가장 어려운 일은 활동하는 일이 아닙니다. 가장 어려운 일은 조용히 주의 때와 명을 기다리는 일입니다. 혹은 일년, 혹은 삼년, 혹은 십년, 혹은 오십년(민 9:22). 우리 각자의 신앙의 분량을 따라 잠잠하여 주의 명을 기다리는 일입니다. 시인 밀턴은 말했습니다. "다만 기다리는 이도 또한 능히 하나님께 봉사한다"고. 순종하는 대명待命은 하나님 아버지가 가장 기뻐하시는 바입니다. 우리는 때로 큰 일을 하려 하지 말고 하는 일 없이 편히 지냄으로 우리 하나님을 기쁘게 해드릴 것입니다.

나의 사업은 신자를 만드는 일이 아닙니다. 나의 사업은 예수를 믿는 일입니다. 예수 안에서 나의 사업은 이미 끝난 것입니다. 내가 편히 인생을 즐길 수 있는 것은 이 때문이요, 내가 사업에 조바심 내지 않는 것도 또한 이 때문입니다. 사업에 조바심 내는 미국식 기독교는 정말 견디기 어렵습니다. 하나님은 이미 나를 대신하여 내가 할 일을 하셨습니다.(요 19:30)

나는 이제 구원받기 위해서 스스로 노력할 필요가 없습니다. 다만 신앙으로 그의 의를 나의 의로 삼으면 족합니다. 하나님이 나를 사랑하심이 내가 그를 사랑함보다 훨씬 더하십니다.

그는 내가 그를 찾기 전에 나를 찾으셨습니다. 그리고 그는 영원무궁토록 나를 그 품 안에 숨겨주십니다. 하나님의 의는 내 죄보다 큽니다. 나는 내 죄로 하나님의 의를 지워버릴 수 없습니다. 하나님은 만물을 통해서 그리하심 같이 나를 통해서도 그의 선한 뜻을 이루시지 않고는 못 견디십니다. 일을 행하는 것이 아니라 이루어진 일을 전하는 것입니다. 인간은 스스로가 원해서 자기 죄에서 벗어나는 것이 아닙니다. 하나님이 인간을 대신하여 이것을 제거하셨습니다. 인간을 구원하는 것이 아니라 구원받은 인간을 모으는 것입니다. 은총은 세상에 넘치고 또 몸에 넘칩니다. 크리스천의 생애는 찬미와 감사 이외의 다른 무엇일 수 없습니다.

홍수속의 기갈

오늘날은 복음의 홍수 시대입니다. 전도자는 모두가 복음을 말합니다. 심오한 성경 지식과 신학을 언변으로 또는 글로 근사하게 발표하고 있습니다. 모두가 참으로 감탄할 만큼 의욕적이고 열정적입니다. 교리로서는 빈틈없을 것이며, 지식으로도 흠이 없을 것입니다. 그런데 그것은 복음의 설명이지 복음 자체는 아닙니다. 복음에 앞서는 것이 있습니다. 바로 회개입니다. 그러므로 회개가 부족하면 그가 말하는 복음은 말의 복음이지 사실의 복음은 될 수 없습니다.

신약성서에서 복음을 구체적으로 보여주는 장면 그것이 바로 탕자의 비유 이야기입니다.(눅 15:20-24) 탕자가 아버지에게 돌아가자 아버지는 상거가 먼 데도 달려와서 목을 안고 입을 맞춰주셨습니다. 그것뿐이 아니었습니다. 제일 좋은 옷을 입혀 주셨습니다. 가락지를 깨워주신 후 다시 신을 신겨주시고 그 다음엔 즐거운 잔치가 벌어졌습니다. 즐거운 잔치 그것이 바로 지금의 복음 사실 아니겠습니까.

여기서 우리가 알게 되는 것은 누구든지 하나님 앞에 진정 회개했다면 이처럼 최고의 용서, 최고의 자랑, 최고의 보장, 최고의 능력, 최고의 기쁨이 따른다는 그 사실입니다. 바로 이것이 천국 복음입니다. 우리에게 성서 지식이 필요한 것은 바로 회개를 위함입니다. 지금까지 자신을 최고처럼 여겼던 교만의 뿌리가 뽑혀 진토에 떨어질 때, 거기서부터 영광의 자리가 열리는 것입니다.(삼상 2:8) 자기가 사실은 완전한 죄인이요 전부를 탕진한 자격 상실자 됨을 깨닫게 하는 것이 성경의 말씀입니다. 이처럼 영생에 이르지 못하는 성경 지식이란 사람을 살리지 못하는 다른 복음이 되어(고후 3:6, 11:4) 홍수처럼 범람하게 됩니다. 그런데 그것은 꼬투리요 생명은 아니기에 복음 홍수 속에서 복음 기근이 생기게 됩니다.(암 8:11, 고전 4:20) 실로 복음은 지식 아닌 생명이요 사업 아닌 기쁨입니다. 따라서 회개 도수가 곧 복음 도수임을 알 것입니다.

홍수 속의 기각로 (복음7~九三) 앗. 1. 7   —막. 15—

온누날으복음홍수시대다. 전도자는모두가복음을외며떠난다. 심한성서직식과 신학적
밤식을 어번으로 글로서 근사하게 발표드른하고있다. 모든가참으로도갑갑한 만큼의혹
적이고 떠절적이다. 프리로서는 빈틈없을것이다. 지식으로도복음이없을것이다. 그런고로
복음의설명이지복음자천돈아닌것이다. (고고ㄴ) 복음에않서는것이었다. 회개다. 그런고로
회개가 부조하면 구구말하는복음은 말의복음이지 사실의복음은 못된다. 신약성서에서 복음
을구체적 으로보면즌는 장면 그것이바로탕자의비유이야기다. (눅15:20~24) 탕자가 아버지에게
돌아가자 아버지는 상가가 면데도달려와서 목을산고안을 맞쳐주셨다. 그것뿐이아니며
전인좋은 옷을 입혀주셨다. 그리뿐만아니라 가락지를끼워주신후 다시신을신겨시고
그다음엔 즐거운잔치가버려젔든것이다. 준천운잔지 그것이바로집안의복음실아니겠느가
여기서우리가 알게되는것은 누구든지 하나님앞으로도진정 회개했다면 이처럼최고의옹서 (고곱?품)
최고의장랑 (제九13) 최고의보장 (도Y:4) 최고의능력 (해18)최고의기쁨 (빌4:4)이 따르다단-
구사실이니 바로이것이천국 북음이아 붓소나 (눅15:77) 우리베서성서식식이원용한것은
거기서부터 영광의자리가 열리는것이다. (살180) 자기가 사상은완전죄인이요 전부를탕진한
자격상실자됨을 깨닫기 이란 성서말씀인고로 (담전1:15) 이처럼 명생에이르지못하는성경
지식이란 (요후3:16) 사람을 살리지못하는 다른복음이되었어 (고후3:6) 쉽게홍수처럼범람
하게됫다. 그런데그것은 꼬투리로생명을아기에 복음홍수속에서복음으로구이었것다 (앞5곱곱 고전:때)
실로복음은 지식아닌 생명이요 사업아닌 기쁨의다따라서 회개도수가 복음도수임을알리라

그리스도인의 기쁨

그리스도인이란 누구입니까. 그리스도를 믿는 자이지만 소위 신자는 아닙니다. 세례교인도 침례 교인도 아닙니다. 집사 권사 장로 목사도 아닙니다. 예수로 말미암아 항상 찬미의 제사를 드리는 자요, 그리스도 안에서 항상 기뻐하는 기쁨의 왕자가 그리스도인입니다.

그는 어떤 경우에도 기뻐하는 권능의 소유자이기에 그를 가리켜 권세 있는 하나님의 자녀라고 합니다. 그런 뜻에서 그에게는 불가능이 없습니다.(막 9:23) 그는 세상을 이긴 자로 빛과 소금의 존재가 됩니다. 그리스도인으로서 빼앗기지 않는 오직 한 가지는 그 기쁨입니다. 어떠한 경우에도 넘쳐 있는 기쁨, 그것이 예수가 주시는 생수입니다. 그 기쁨은 아무런 제재를 안 받는 절대 순수한 진리의 기쁨이기에, 이 기쁨이 있는 자는 모든 것에서 참 자유를 누립니다. 장소에서의 자유, 인간에서의 자유, 시간에서의 자유, 의무에서의 자유, 율법에서의 자유인 참 자유를 보장받은 자이기에 그래서 기쁨이 넘

치는 자입니다.(롬 6:13,갈 5:1)

그 같은 기쁨은 예수에게 직접 연결된 자면 누구에게나 주어지는 하늘의 은혜입니다.(히 4:16) 무제한의 은혜이기에 항상 기뻐할 수 있는 것입니다. 의의 태양되신 그리스도의 치료하는 광선이 비춰니 그 증거가 바로 뛰는 기쁨입니다.(말 4:2)

그리스도인이 되는 것은 오직 그의 믿음뿐입니다. 그리스도의 십자가로 사망을 이긴 믿음이기에, 그에게는 슬픔과 탄식이 아무런 맥을 추지 못하게 됩니다. 영생은 사망이 뒤집혔다는 뜻이요 새 생명입니다. 따라서 그리스도인이 사망 앞에 담대함은 마치 홍역 면역자가 홍역 앞에 담대한 것 같습니다.(히 10:35) 그런고로 그는 사망에게 호령 치면서 주님께 감사하게 됩니다. 세상에 그 이상의 행복, 그 이상의 기쁨이 없습니다. 사망 혁명만이 인류 혁명이요 세계 혁명이 되기에 참그리스도인의 출현만이 이 땅의 소망입니다. 그는 인류 최고의 기쁨을 소유한 자이기 때문입니다.(빌 4:4, 마 13:46)

완전한 실패자의 감사

구본승

(암스테르담장로교회 담임목사, 캄펀신학교 교회사 박사 과정)

그간 유원상 선생의 엽서 모음 글들이 익두스 출판사에서
두 권 출판되었다. 이 두 권은 박찬규 대표가 심혈을 기울여
고른 글들이라 들었다. 그리고 다시금, 조금 더 읽기 좋은 글
들을 골라 한 권으로 묶어내었다. 오래전 유원상 선생의 글들
을 접하고 난 뒤 출판된 그분의 글들을 거의 대부분 구해서
읽어본 필자에게는 매우 뜻 깊은 일이다.

필자는 유원상 선생을 개인적으로 알지 못하고 그분의 글
들만 읽은 독자이므로 이렇게 이른바 '소개글'을 쓰는 것이 면
구스럽다. 그러나 현금, 유선생의 글들을 읽은 사람들조차 희
귀하기에 박대표의 부탁을 받고 이렇게 해제를 쓰기에 이르렀
다. 이하의 내용은 필자가 파악한바, 또 판단하는바 한계 안
에서 서술될 것이기에, 독자께서 유선생의 글들을 읽으시는

데 약간의 유익이라도 되면 그 소임을 다한 것이다.

　유원상 선생의 글들은 '성경을 성경으로'라는 모토가 실제로 잘 적용된 전범이라 할 만하다. 부분적으로 동의가 되지 않는 곳이 있다 하더라도 그가 신구약을 넘나들며 풀어내는 내용은 새로울 수는 있으나 이치에 안 닿는 것은 아니다. 어떤 이는 이러한 그의 성경 주해가 '알레고리'를 포함하고 있다고 평가할 수 있겠다. 그러나 유선생은 자기 성경 해석의 명시적인 지평을 "히브리서"(153쪽)라고 적시하고 있다. 말하자면, 히브리서가 알레고리적인 정도까지 유선생의 글들도 알레고리적인 것이다. 그렇다면 히브리서의 알레고리는 다른 성경들보다 과한가? 필자는 그렇지 않다고 본다. 유대교인들이 보면 예수님을 '어린양'에 빗대는 세례 요한과 바울의 말들 역시 알레고리일 것이며, 더 나아가서는 신약 전체가 알레고리일 것이다. 필자는 신약이 일정하게 유지하는 '지평'이 존재한다고 보며, 그래서 신약이라는 한 덩어리로 묶였다고 본다. 유선생은 이러한 지평을 포착하여, 성경에서 직접 언급하지 않은 내용들을 이 지평 위에 두고 일관되게 해석한다.

　유선생의 엽서를 한 구절로 요약한다면 이 소개글의 제목처럼 '완전한 실패자의 감사'라고 필자는 생각한다(15, 16쪽). 이에서 '복음'(1부 주제)과 '교회'(2부 주제)에 대한 이해가 흘러

나오며, 이 둘은 분리되지 않는다. '완전한 실패자'는 사람이 복음을 듣고 발견한 자기 자신, 더 나아가서는 인간 실존을 한 마디로 요약한 것이다. "인간은 태어나면서부터 죄인입니다.(롬 3:10) 선보다도 악을 더 좋아하는 악의 종자입니다. 그래서 인간은 근본부터 변치 않고는(요 3:3) 동물적 근성을 벗어나지 못하는 참으로 저주받을 존재입니다. 그 정체가 어떤 것인가에 대한 사실적 심판기록이 바로 인간의 역사입니다." (28쪽) "인생이란 흑암 세력과의 싸움을 잠시도 쉴 수 없는 존재"이다.(22쪽) 이러한 인생은 "죽음에 머무는 사람"이 되어 "다오 다오", "참으로 탐심에는 한정이 없습니다."(39쪽) "인간들은 복이라면 받는 것과 얻는 것뿐인 줄 알고, 반대로 버리는 것이 복인 줄 알지 못합니다. 그래서 모두가 탐심의 우상 숭배자로(골 3:5) 항상 욕심이 잉태 중인 죄의 종 된 사망 족속입니다."(51쪽)

필자에게는 '전적으로 타락한 죄인'이라는 용어보다는 '완전한 실패자'가 한국의 상황에서 더욱 와 닿고 유용한 표현으로 보인다. 전자는 전통적으로 잘 정리된 신학용어이긴 하지만, 본의本義를 비켜갈 수 있는 여지가 많다. 단지 '인간의 윤리적 불완전'을 말하고 통칠 수 있기 때문이다. 누구나 부담 없이 스스로를 '윤리적으로 불완전한 존재'라고 말할 수 있다.

불완전은 계량화할 수 있기에 조작할 수 있기 때문이다. 하지만 스스로를 '완전한 실패자'로 기꺼이 규정하는 것은 쉽지 않은 문제다. 완전한 실패자가 되고 이 자리에서 '감사'를 할 수 있는 것 역시 그러하다. 일반적으로 감사는 성공한 자리, 번영하는 자리, 무엇을 획득한 자리에서 나오기 때문이다. 아래의 인용을 보자.

"하나님이 인생을 창조하신 목적은 무엇이겠습니까? 부귀영화를 누리게 하심입니까, 일백 자녀를 기르게 하심입니까? 또는 만년의 장수를 누리게 하심이겠습니까? 아니면 교회를 위하여 전도 사업을 위하여 창조하셨겠습니까? 만일 그것들이 창조의 목적이었다면, 우리들은 틀림없이 실패자, 낙오자입니다. 그러나 참으로 감사한 것은 창조의 목적이 그와 같은 것이 아니라, 오직 야훼를 찬송하게 하심이라고 성경에 기록되어 있습니다.(사 43:21) 그러므로 우리는 사업을 못하고, 전도를 못하고, 자녀도 없고, 가난, 중병, 단명短命의 일생이었다 해도 결코 그것은 실패자가 아닙니다. 어떤 환경에서도 하나님께 감사, 찬송만 할 수 있다면 오직 그것 하나로 그 인생은 훌륭한 합격자가 될 수 있는 것이 진리입니다.(마 3:17)"(47쪽)

하나님 창조의 목적은 감사와 찬송이며, 내가 모든 일에 실패하여 완전한 실패자로 드러났다 하더라도 하나님께 감사, 찬송만 할 수 있다면 나는 '실패자'가 아니고 '합격자'다. 여기서 분명해지는 사실은 단지 완전한 실패자로 머무는 게 인생의 목적은 아니라는 사실이다. 하나님 앞에서 '합격자'가 되어야 하는데 이는 '연단'을 통해 가능하다. 다음의 인용을 보자.

"하나님은 그리스도인을 권세 있는 친 백성으로 연단하시며 극상품 포도로 만드시는 영원히 진실하신 하나님이시기에 그의 자녀 단련법도 최고의 방법을 쓰십니다. 이가 바로 하나님의 징계입니다.(요 1:12, 디 2:14, 사 5:2, 히 12:8, 고후 5:17) 그는 자녀된 자를 당신처럼 성장시키기 위하여 항상 숨어 계시는 하나님이시며(사 45:15) 일부러 환난을 창조하시는 엄중한 아버지이십니다.(사 45:7) 그러나 동시에 선한 목자도 되시기에 그 환난에서 절대로 떠나지 않으시고 끝까지 동참하시는 사랑의 어머니도 되십니다."(110쪽)

이 말인즉슨, 하나님은 인생에게 자신이 완전한 실패자임을 연단을 통해 굳히신다는 뜻이다. 이러한 연단이 없다면 하나님과 관계없는 사람이다. "따라서 징계의 환난을 잘 감당하는 이가 참 아들이요 반대로 징계에 순응 못하는 이는 바로 사생자라는 말씀이 참 진리입니다.(히 12:6-8)"(108쪽) 하나님은 외적으로는 "인생의 생사화복"(108쪽)을 통해 인생을 연단하시고 내적으로는 "저주의 율법"(112쪽)을 통해 죄를 알게 하신다. 그러나 인생의 환난이든 율법이든 그 자체에는 생명을 내어놓을 힘도, 죄를 제거할 힘도(112쪽) 없다. "그리스도 은혜의 복음"(116쪽)을 듣고 환난 가운데서는 "최고의 은사"인 "부러움 없는 만족한 마음"(105쪽)을 받고 율법의 저주 앞에서는 "해방의 은혜"(112쪽)를 받아, "인생 최고 저주라 할 죽음까지도 기쁨으로 받아서 감사하는"(116쪽) 사람이 바로 그리스도인이다.

이러한 이해는 "그리스도 안에 있는 양심"(167쪽)에 대한 유선생의 독특한 이해에서 확연하게 요약된다. 히 7:11의 "온전한 양심"을 그는 "버릴 것 없이 모든 것이 진선미로, 감사로 소화되고, 만사가 거룩으로 만족한 양심"으로 풀고 있다. 양심을 도덕적 차원이 아니라 감사의 차원에서 보고 있는 것이다. 가난, 중병, 단명 등은 단지 악하기만 한 것이 아니라, 만족과 감사의 재료이기에 이제 선한 것이다. "이처럼 미친 인생(전9:3)에게 자기 자신의 정체를 바로 파악할 수 있는 기회가 주어집니다. 그것이 병고입니다. 쇠기둥처럼 믿었던 자신의 건강이 고장 나서 죽음을 생각하게 될 때, 지금까지의 자기 위치가 근본적으로 잘못된 엄청난 착각임을 깨닫는 것입니다. 그가 하나님의 것인 정상 위치로 돌아올 때 거기서 진정한 평강의 인생이 됩니다.(시 29:11) 그는 주 안에서의 자기가 주인공으로 우주를 점령한 자신의 영광에 눈뜨게 되니, 이제는 호흡이 찬송이 됩니다. 이는 자기보다 행복한 자가 없다는 은혜 때문에 더 이상 행복이 필요 없기 때문입니다."(29쪽) 이렇게 감사 찬양하며 사는 사람은 "하나님의 형상으로 사는 자"(45쪽)이며, "임마누엘의 보배를 지닌 질그릇", 즉 "하나님 자신을 소유하는 천국 시민"(31쪽)이다.

필자는 유선생의 신앙에 대한 이해를 접하면서, '위로'와 '인간의 곤고함'과 '감사'로 신앙을 요약하는 하이델베르크요리문답을 떠올렸다. 또, 사람의 제일가는 목적을 '하나님을 영화롭게 하며 그분을 영원토록 즐거워하는 것'으로 쓰고 있는 웨스트민스터소요리문답의 제 1문 역시 뇌리를 스쳤다. 이러한 신앙의 요체가 우리에게 소박하고 한편으로는 투박해 보이거나 모자라는 것으로 다가오기에 우리는 여러 다른 것을 원한다. 유선생은 이러한 현실을 지적하고 핵심을 꿰뚫고 있다. 다음 인용을 보자.

"기독교만 하더라도 그 신앙의 동기가 여러 가지입니다. 즉 국가를 위한 신앙, 민중을 위한, 교회를 위한 신앙 또는 지역 사회 때문에 그리고 자기 자신 때문에 등이 있으니 이는 모두 가 어떠한 이익을 위해서입니다. 그러나 엄밀히 따지면 이것 은 기독교가 아닙니다. 왜냐하면 기독교는 어디까지나 자기 죄의 해결이 근본이니 예수란 죄에서의 구원이란 뜻이요, 이 구원이 해결된 곳에 임마누엘이 있기 때문입니다.(마 1:21, 23) 이것이 기독교의 전부이니 이외의 것은 모두 무너지고 변합니 다. ... 그래서 자기 죄에서의 구원에 대한 감사 아닌 다른 것 들을 자랑하는 무리는 예수와는 상관없는 자임이 이미 드러 난 대로입니다.(마 7:23)"(156쪽)

복음의 이러한 이해를 바탕으로 이제 유원상 선생이 교회 를 어떻게 생각하고 있는지를 볼 수 있다. 유선생은 스스로를 "무교회주의 신앙을 가진 사람"(139쪽)이라고 소개하고 있다. 이것은 "교회를 의지하는 신앙" 혹은 "교회 신앙"(86쪽)과 대 척점에 서있는 신앙이다. 따라서 유선생에게 교회는 긍정적인 의미로 잘 쓰이지 않는 용어다. 그가 무교회주의를 선택한 것 은 무교회주의 신앙을 애착해서라기보다는 "다만 양심대로 믿다보니 이렇게 된 것뿐"이다. "이는 루터의 말대로 자기 양

심에 위배되는 짓은 안전하지도 않고 또 정직하지도 않기 때문입니다."(139쪽)

이 양심은, 위에서 보았듯이, 만족과 감사로 온전한 양심이다. 그는 이 양심을 침해하는 어떤 것도 거부하기로 "결단"을 (178쪽) 했고 이 결단이 그를 무교회주의로 이끌었다고 볼 수 있다. 즉, 제도교회에 대한 윤리적 판단이나 개인적 기호嗜好가 아니라 그리스도인의 양심에 충실하려는 그의 결단이 그를 무교회주의자가 되게 한 것이다. 따라서 윤리적으로 수준이 높거나 개인적으로 마음에 드는 교회가 있다 하더라도 그 교회가 신앙 양심을 침해한다면 그는 여전히 그 교회에 속하기를 꺼려했을 것이다.

이러한 입장을 바탕으로 유선생은 크게 두 가지 측면에서 교회를 비판한다(이 둘은 사실, 칼로 두부 베듯 서로 딱 분리되는 것은 아니다). 하나는 '제도'로서의 교회라는 측면이다. 다음의 인용들을 보라.

"첫째 하나님의 일은 홀로 하는 것이지 결코 단체나 조직으로 하는 것이 아닙니다.(요 6:29의 '일'은 단수입니다) 또 이는 마음으로 하는 것이지 몸으로 하는 것이 아닙니다.(롬 10:10) 또 이는 자기 힘이 아닌 그리스도의 기도가 그 출발이기에 중

단될 수 없는 생명적인 것입니다.(히 7:25, 삼상 12:23)"(176쪽)

"종교가 외형화되면 이미 그 한계가 드러난 것이요, 시대의 총아인 문명 역시 궁극은 전쟁에 다다르게 됩니다. 예수 그리스도는 그 자신의 몸을 바쳐서 예루살렘 성소 휘장을 찢었습니다.(마 27:51, 히 10:19-20)"(181쪽)

"그리스도인이란 누군입니까. 그리스도를 믿는 자이지만 소위 신자는 아닙니다. 세례교인도 침례 교인도 아닙니다. 집사 권사 장로 목사도 아닙니다. 예수로 말미암아 항상 찬미의 제사를 드리는 자요 그리스도 안에서 항상 기뻐하는 기쁨의 왕자가 그리스도인입니다."(224쪽)

이 인용들 외에도 교회의 제도화를 거부하는 말들이 지속적으로 등장한다. 제도는 결국 딱딱하게 굳게 마련이고 이 제도를 탐욕스런 사람들이 올라타서 그리스도인의 양심을 속박하게 된다는 것이다.

그리고 이에 자연스럽게 이어지는 것이 바로 한국 교회의 현실이다. 한국 교회의 부흥기에 인생의 대부분을 보냈던 유선생이 보도하고 있는 한국교회의 문제점은 지금까지 지속되고 있다. 그런데 유선생은 현재 시중에 흔히 통용되는 한국 교회에 대한 비판들과 다른 진단을 내린다. 한국 교회가 이렇게 된 근본적인 원인은 제도화라는 것이다. 그는 한국 개신교인들이 특별히 수준히 낮아서 이렇게 됐다거나 한국 사회가 특별히 후진적이어서 이렇게 됐다는 식으로 말하지 않는다. 그는 한국 교회가 매우 제도화된 것으로 보며, 제도화가 진행되면 될수록 신앙의 근본에서 멀어지고 신자들을 소외시킨다고 생각한다. 다음의 인용들을 보라.

"오늘날 한국 개신교의 교파가 94개요 장로교만도 52개라 합니다. 이처럼 복잡한 교회 문제에 속지 않으려면 기독교의 초점이 무엇이며, 복음의 핵심이 무엇인지 분간해야만 합니다. 그것은 한 마디로 그리스도 안에 있는 양심 즉 온전한 양심입니다.(히 7:11)"(167쪽)

"오늘날은 복음의 홍수 시대입니다. 전도자는 모두가 복음 복음하며 떠듭니다. 심오한 성서 지식과 신학을 언변으로 또는 글로 근사하게 발표하고 있습니다. 모두가 참으로 감탄할 만큼 의욕적이고 열정적입니다. 교리로서는 빈틈없을 것이며, 지식으로도 흠이 없을 것입니다. 그런데 그것은 복음의 설명

이지 복음 자체는 아닙니다."(221쪽)

"오늘날 기독교는 빈틈없는 조직과 방법으로 번창해 가는
데 그것은 어디까지나 성한 사람들을 기준으로 된 것입니다.
여기에 삭개오가 낄 수 없고 소외당함은 당연한 일입니다. 그
런데도 아직 그 속에다 미련을 두고 기대한다는 것은 어리석
은 일입니다. 이제라도 삭개오는 생수의 근원 되시는 하나님
과 직결되는 새롭고 산 길을 찾아야 합니다.(렘 2:13, 히 10:19,
20)"(170쪽)

현재 한국 교회의 현실에 대해 이의 혹은 반감이 있고 스스
로 개혁적이라 자처하는 많은 사람들이 유선생의 글을 일종
의 '사이다'로 소비할 수도 있겠다. 하지만, 유선생이 차분하게
풀어내고 있는 내용은 그렇게 녹록한 것이 아니다. 우선, 제
도 교회를 거부한다 하더라도 제도 자체를 거부하는 것은 매
우 어렵다. 제도 교회를 개혁하겠다는 사람들은 지금도 많이
있다. 하지만, 유선생처럼 제도에 대해 근본적인 물음을 가지
고 천착하기보다는 새로운 "단체나 조직"(176쪽) 아니면 새로
운 '컨텐츠', 즉 "심오한 성서 지식과 신학"(221쪽)을 대안으로
내세우려 한다. 그러나 이 양자 모두 유선생의 견지로는 '제

도', 즉 '교회'에 속하는 것들이고 교회 신앙 내지는 변종된 교회 신앙의 일종이다. 이것은 결국 "물질과 사람의 힘", "재력이나 조직력, 한 걸음 더 나아가서 기사奇事, 이적 등의 보이는 힘"(20쪽)에 의해 움직이는 것들이다.

그렇다면 이 모든 제도에서 단지 '퇴거'하는 것으로 되는가? 그렇지 않다. 유선생은 교회에서 주일 예배를 '대예배'라 부르는 것을 비판하며 그리스도인의 전 삶이 예배임을 역설한다. 그리고 이렇게 말한다. "이와 같이 선이 아닌 것은 바로 악인 것처럼 예배가 아닌 것이 죄입니다. 나는 그래서 나 홀로 하나님을 의지하고 그에게 감사하는 이것이 곧 선이요, 대예배임을 믿고 기뻐하는 삶입니다.(요 4:23)"(187쪽) 유선생이 교회 신앙을 배격하고 취한 "단독자"(146쪽), "독립의 길"(170쪽)은 홀로 예배를 드리고 홀로 말씀을 깨달을 수 있으며 이를 바탕으로 "전도자"(149쪽)의 길을 걷는 것을 다 포함한다. 신앙을 취사선택하여 형성하지 않고, 철저하게 말씀을 궁구하며, 이를 많은 사람에게 전할 수 있고, 더 나아가서는 기존 교회의 예배보다 더 예배로 불릴 수 있는 정당성을 갖춘 예배를 스스로의 양심과 신앙에 입각하여 확립할 수 있어야 비로소 단독자, 독립적인 전도자로 살아갈 수 있는 것이다. 유선생은 이러한 독립을 지키기 위해 심지어 무교회 동지들에게서도 "독립"한 듯이 보인다.("나를 따라오려거든") 그가 말하는바 "독립의 고독"(178쪽)은 "쓸쓸한 고독"이 아니라 "그리스도를 통한 하나님과의 직결 독립"(177쪽)이다.

이상 소략하게나마 유원상 선생의 글들을 개관해보았다. 약간의 개인적 소회를 아래와 같이 덧붙이고자 한다.

필자는 유원상 선생의 복음 이해의 큰 줄기를 동의한다. 그리고 유선생이 말씀하시는 양심의 자유 추구는 필자가 속한 장로교회의 성립 원리 중 하나로서 필자 역시 유선생의 입장에 동의한다. 그러나 유원상 선생(그리고 무교회주의자 일반)에게 느끼는 아쉬운 점은 역시나 '제도는 악할 수밖에 없는가?'라는 것이다. 분명 성경에서는 '직분'을 말하고 있다. 그리고 이러한 직분은 얼굴과 얼굴을 맞대는 공동체가 성립되어 있음을 전제한다. 말씀을 가르치는 자를 세우는 것조차 '악한 제도'에 속한 일이며, 또, 그렇게 세움 받는 직분자는 자동적으로 양심에 속박을 받게 된다고 필자는 생각하지 않는다. 필자는 그간의 세월동안 교회가 영적일 뿐 아니라 물리적 '공동체'로 모이고 존재하는 것이 중요하다고 지속적으로 느끼고 있다. 그래서 유선생의 독립 전도자의 입장에는 얼마간 이의異議가 있다. 그러함에도 그가 힘을 주어 말하는 '제도의 역리逆理'에 대해서는 제도를 인정하는 사람들이 오히려 면밀하게 고

민할 필요가 있다. 현 시점에서 필자 나름대로 언급할 수 있는 한 가지는, 제도가 역리로 작용하기 시작하는 '임계점'이 있지 않을까 하는 것이다. 사회문화적 환경, 그리고 개별 모임의 상황에 따라 다양하겠지만 역리의 임계점을 인식할 필요가 있다. 분명해 보이는 것은 유선생이 '제도' 교회는 거부했을지언정 신약의 '에클레시아'로서의 교회는 거부할 수 없었을 것이라는 사실이다. 이는 유선생이 평생 매주 엽서를 보낸 '무리'들이 있었다는 사실에서 확인된다. 느슨한 형태로나마 그의 전도, 즉 설교를 중심으로 형성된 무리가 분명 있지 않았던가. 그는 일종의 '목회'를 한 것이다.

가나안 성도에게 보내는 편지

믿음의 홀로서기가 두려운 이들을 위하여

초판 1쇄 인쇄 2018년 2월 26일

지은이 유원상
펴낸이 박찬규
디자인 이경란
펴낸곳 도서출판 익두스

등록 제406-2011-000064호 (2009년 2월 3일)
주소 경기도 파주시 조리읍 능안로37 120동 804호
전화 031-947-7504
Fax 031-947-7987

ISBN 979-11-86777-08-4-03230